班级创意管理
108个实用锦囊

周新 / 著

大夏书系 — 全国中小学班主任培训用书

华东师范大学出版社
·上海·

目录

前言　找准角色定位 / 001

第一章　点燃学生的校园激情

第一节　开局要出彩 / 003

锦囊 1　快速记住全班学生 / 003

锦囊 2　融入新集体 / 005

锦囊 3　适应新环境 / 007

锦囊 4　为自己点赞 / 010

锦囊 5　写祝贺词 / 013

锦囊 6　严肃对待班级事务 / 016

锦囊 7　有话当面说 / 018

锦囊 8　将错误"铭记于心" / 020

锦囊 9　举行缺点告别仪式 / 022

第二节　树立干部威信 / 025

　　锦囊 10　激发当班干部的热情 / 025

　　锦囊 11　班干部要严于律己 / 028

　　锦囊 12　为班干部立威 / 032

　　锦囊 13　给组长做助手 / 034

　　锦囊 14　请尊重值日生 / 040

第三节　优化小组建设 / 043

　　锦囊 15　改变小组形态 / 043

　　锦囊 16　人人得到认同 / 046

　　锦囊 17　培育小组精神 / 048

　　锦囊 18　创新小组评价 / 050

　　锦囊 19　推介组内明星 / 053

　　锦囊 20　创新运行机制 / 055

第四节　培育班级正能量 / 058

　　锦囊 21　沉淀人生智慧 / 058

　　锦囊 22　学会心存感激 / 062

　　锦囊 23　学会优雅 / 064

　　锦囊 24　兑现承诺 / 070

　　锦囊 25　培养敬畏之心 / 072

　　锦囊 26　自我否定的心理转换 / 074

　　锦囊 27　减少负面统计 / 076

　　锦囊 28　别优待成绩优秀生 / 077

　　锦囊 29　倡导文明吐槽 / 079

　　锦囊 30　颠覆《学生手册》/ 081

　　锦囊 31　加入学生 QQ 群 / 084

　　锦囊 32　通报成长喜悦 / 087

第二章　打造良好形象

第一节　修炼个人魅力 / 091

锦囊 33　还是"帅"一点好 / 091

锦囊 34　做暖男 / 092

锦囊 35　心软才好 / 095

锦囊 36　牵着星儿去上课 / 097

锦囊 37　当好"后妈" / 101

锦囊 38　别让学生左右为难 / 103

锦囊 39　控制好个人情绪 / 105

锦囊 40　拿捏好评价分寸 / 108

第二节　树立个人威望 / 111

锦囊 41　为自己立威 / 111

锦囊 42　发挥眼神的威力 / 113

锦囊 43　首次交锋，务求完胜 / 115

锦囊 44　重新来过 / 117

锦囊 45　一矢中的 / 118

锦囊 46　强力制止 / 121

第三章　智慧处置异常情况

第一节　严格要求 / 125

锦囊 47　站直了，就坐下 / 125

锦囊 48　全场紧逼 / 126

锦囊 49　让昨日重现 / 128

锦囊 50　止住"和声" / 130

锦囊 51　请再快半拍 / 131

锦囊 52　别自欺欺人 / 133

锦囊 53　让男孩成为男子汉 / 135

第二节　柔性处置 / 137

锦囊 54　向学生示弱 / 137

锦囊 55　不点名的公开批评 / 139

锦囊 56　因人而异 / 141

锦囊 57　和学生一起预设 / 142

锦囊 58　向领导求助 / 144

锦囊 59　妥协，才能控制 / 146

锦囊 60　善用迂回之策 / 149

第三节　智取为上 / 152

锦囊 61　"以众治独"的逻辑变式 / 152

锦囊 62　打草惊蛇 / 153

锦囊 63　一箭双雕 / 155

锦囊 64　归谬式批评 / 157

锦囊 65　缩小影响范围 / 159

锦囊 66　故意冷落 / 161

锦囊 67　让孩子不再敏感 / 163

锦囊 68　幽默式批评 / 166

第四章　打开成绩上升通道

第一节　授人以渔 / 171

锦囊 69　让科代表"能来事儿" / 171

锦囊 70　今日事今日了 / 174

锦囊 71　学会做课堂笔记 / 176

锦囊 72　学会捡漏 / 178

锦囊 73　做好时间管理 / 180

锦囊 74　吹响学业检测的集结号 / 183

第二节　激发斗志 / 186

锦囊 75　减免学生作业 / 186

锦囊 76　"吐槽优秀者" / 188

锦囊 77　家长陪读计划 / 190

锦囊 78　结对帮扶计划 / 193

锦囊 79　开展李玉洁励志行动 / 195

锦囊 80　每天两场励志演讲 / 199

锦囊 81　寒假励志作文 / 201

锦囊 82　903 班创星计划 / 205

锦囊 83　留守子女伙伴行动计划 / 207

锦囊 84　学长寄语 / 211

第五章　探究家校合作之策

第一节　寻求配合 / 217

锦囊 85　家长的配合让老师更有底气 / 217

锦囊 86　你不来校，我去家访 / 219

锦囊 87　和家长"斗合子" / 222

锦囊 88　和家长一起穿越 / 224

锦囊 89　制作特别的视频 / 226

锦囊 90　老师不能点石成金 / 228

锦囊 91　可以协助，但无法替代 / 230

锦囊 92　督促，不只是问问而已 / 232

锦囊 93　甘为和事佬 / 233

锦囊 94　QQ 群里群聊好 / 237

锦囊 95　经营好"QQ 空间" / 240

第二节　当好参谋 / 244

　　锦囊 96　好孩子是教出来的 / 244

　　锦囊 97　明确自己的责任 / 246

　　锦囊 98　叛逆的孩子你也能教 / 249

　　锦囊 99　别依从孩子的错误 / 255

　　锦囊 100　直言家长的错误 / 257

　　锦囊 101　亲情无价 / 258

　　锦囊 102　孩子的问题谁遇上谁管 / 260

　　锦囊 103　别轻易给"会哭的孩子"奶吃 / 261

　　锦囊 104　给孩子讲励志故事 / 263

　　锦囊 105　鼓励家长把握教育契机 / 265

　　锦囊 106　让家长拿回微信主控权 / 267

　　锦囊 107　分享育儿经验 / 269

　　锦囊 108　孩子是家长的影子 / 271

前言

找准角色定位

语文老师老陈设计了一个"课外阅读蹦极活动",借以调动学生名著阅读的积极性。经过两个星期的酝酿、动员,同学们的阅读兴趣都被激发出来了。

班主任小王却说:"老陈,咱不能把学生天天关在教室里看书,要让他们开展室内室外文体活动。"并安排:周一和周二的课余时间读名著,周三的课余时间开展室内文体活动,周四的课余时间开展室外文体活动,周五的课余时间自由活动。客观地说,小王的安排更加合理。

然而,因为缺乏有效的沟通,老陈的积极性受到了极大的打击,他愤然走进教室,把贴在教室里的阅读蹦极记录表撕下来,扔进了垃圾桶……

显而易见,班主任小王没能有效地团结好任课老师,没能形成育人合力。

那么,班主任的角色定位究竟是怎样的呢?

一、舞好"龙头"

班主任是全班学生的"龙头"——学生学习活动、文体活动、综合实践活动的策划人、组织者、评价人,也是全体任课老师的"龙头"——所有任课老师的总联络人、总协调人。

舞好"龙头"，班主任要做好三个方面的工作。

1. 要规划好班级活动

恰当设计涵养美好品质的德育活动，恰当设计与学校整体工作有关的班级活动，恰当设计与学科教学有关的班级活动……

与学科教学有关的班级活动的设计，必须依赖任课老师。班主任要亲自征求任课老师的意见，询问学习类班级活动的时间、内容、地点安排。综合各学科教师的意见，协调制定出符合本班实际的班级活动规划。

上个学期，我根据学校工作安排，制定了"运动会全力以赴创佳绩""元旦文艺汇演闯进前三"的活动目标；根据英语老师的提议，制定了"英语演讲比赛"班级活动计划。这三项活动是全学期的班级活动主线，人员选拔、活动排练、组织实施、德育渗透、评价表彰等贯穿了整个学期。

2. 要参与班级活动的过程管理

涉及班风班纪、学风建设、运动会筹备等内容的班级活动自不必说，涉及学科教学的班级活动，班主任也要参与管理。如英语演讲比赛，活动的程序、时间、地点以及主持人的确定、参赛选手的选拔，班主任均应参与，活动如期举行之时，还要主动担任比赛评委……

3. 克服班级活动的各项困难

比如，我在落实英语演讲比赛的活动场地时遇到了困难。

按照方案，20名学生演讲时，均要播放背景幻灯片和背景音乐，而教室、学术报告厅的设备正在维修。于是，我去总务处申请借用大礼堂，但大礼堂正被市实验小学老师借用，时间为一个星期，他们每天19:00—21:00在此排练教师艺术节的舞蹈节目。于是我找到校长，希望由他出面协调，让实验小学的老师本周三晚上别来大礼堂排练。最终，在校长的协调帮助下我班的英语演讲比赛如期举行。

"舞龙舞得好，全靠'龙头'带"，班主任舞好了"龙头"，班级管理才能风生水起。

二、跑好"龙套"

跑好"龙套",包括以下两方面的工作。

1. 在学科类班级活动中当好配角

班主任要协助任课教师,做好服务工作和协调工作。

因为元旦文艺晚会上的突出表现,今年4月,我班学生表演的舞蹈《竹之韵》被推荐到市里参加汇演,学校安排音乐老师李老师负责节目的排演工作。

作为班主任,我将汇演的排练准备视为上个学期最为重要的班级活动。

为了统一服装,我召集8名参演同学的家长开会,说明相关情况,提出在网上统一购买傣族服装的建议,并由张小昱同学家长代为购买,其他家长将120元的服装费交给张小昱的家长。

为了制作背景视频,我找到某小学的教务主任,向他借来《竹海听涛》视频,又找到专门的视频制作门店,花了500元,制成了完全符合音乐老师要求的背景视频。

为了有一个固定的排练场所,我向学校总务处申请借用学校大礼堂的主席台一个月,督促学生每天课外活动时间准时到场排练。

为了不让音乐老师有孤军奋战的感受,我总是陪在排练现场。每次排练,音乐老师现场指挥,一个动作一个动作地纠正;而我,则陪在旁边,帮老师、学生拿衣服,给老师添茶倒水,给学生买瓶装水……

为了优化排练的效果,我及时和音乐老师交流,弄清哪些同学进步显著,哪些同学要奋起直追,并将排练表现纳入班级"周讲评"内容,肯定进步,指出不足。

总之,一切服务性、协调性工作,我都义不容辞。因为我知道,班主任跑好"龙套",有利于任课老师集中精力指导学生,有助于学生专心致志地投入到排练之中,保证班级活动取得最佳效果。

最终,这个节目获得全市评比一等奖,李老师被评为优秀指导老师。看着学生和老师风风光光地接受记者采访，我也享受着和他们一样的甜蜜。

2. 为亲子教育跑好"龙套"

亲子教育陷入困境时跑好"龙套"，给家长出主意。比如当家长担心请假参加奶奶的葬礼会耽误学习时，我提醒家长：亲情无价，参加奶奶的葬礼是最好的亲情教育。当家长为孩子的心理年龄滞后而忧心忡忡时，我建议家长：每天给孩子讲一个励志故事，每天给孩子讲自己充满正能量的人生经历。

发现亲子教育失之偏颇时跑好"龙套"，予以友情提示。比如，家长抵不住孩子的软磨硬泡而允许孩子带手机上学时，提醒家长坚守亲子教育的"正确性原则"。得知家长微信群里的"家长"是学生本人时，及时提醒家长"拿回微信控制权"。

家长会时牢记"跑龙套"之责，进行专题讲座。比如，为消除家长对孩子叛逆行为的忌惮，进行题为"叛逆的孩子你也能教"的专题讲座；为提醒家长利用好身边的教育资源，进行题为"把握教育契机"的专题讲座，促进亲子教育的不断优化。

三、点好"龙睛"

激发任课老师参与班级活动的热情，是班主任工作的"点睛"之作。如何才能激发任课老师的热情呢？

1. 真诚求助

当我们的班务活动涉及相关学科的专业知识时，应该向有关老师真诚求助，"知之为知之，不知为不知"。

我的做法是，以班委会名义给任课老师发一个邀请函，如"顾问邀请函""主持人邀请函""评委邀请函""主题报告邀请函""观察员邀请函"等，邀请任课老师承担班级活动的某项工作。然后让班干部带着邀请函到老师办公室，鞠躬相邀。

比如，在组织"纪念卢沟桥事变"主题班会时，需要向历史老师请教相关知识，请他提供相关文字、图片、音视频文件等。班长带着我手写的"顾问邀请函"去找历史老师，问题顺利解决。

这样做，既是对任课老师的尊重，又赋予了任课老师一份责任；既显得慎重，又显得真诚。

2. 真心感谢

任课老师参与班级活动之后，应以某种形式表示感谢，让他感受到参与班级活动的幸福。这也是激发任课老师积极参与班级活动的关键所在。

如前所述，我班的舞蹈节目《竹之韵》演出结束后，我准备了一束玫瑰花，亲自上台献给李老师，表达谢意。李老师既是节目指导老师，也是整个展演的主持人。我献花时，台下的同学大声而整齐地喊"李老师！李老师！……"事后，李老师对我说："周老师，今后，您班上的事儿，就是我的事儿，我义不容辞！"

学校开展春季球类运动会，我聘请体育老师担任教练，在他的帮助下，我班取得了优异成绩。在随后的体育课堂上，体育委员率领全班同学向老师鞠躬，并齐声感谢，连喊三遍"刘老师，谢谢您！"

老师最大的幸福莫过于被学生真心感谢。在我们班上，只要班级活动取得了较好的效果，孩子们一定会让老师享受到这种幸福。

综上所述，只要舞好"龙头"、跑好"龙套"、点好"龙睛"，就一定能成为任课老师支持、学生喜欢、领导信任、家长放心的班主任。

第一章

点燃学生的校园激情

有激情,学习才有劲头;
有激情,生活才有奔头;
有激情,生命才有质量。

点燃学生的校园激情,
是班主任工作的核心任务。

第一节　开局要出彩

锦囊1　快速记住全班学生

【应用时机】

接手新班之始。

【用法解析】

面对几十人的新班，必须在最短时间内记住全班同学，让学生产生新的归宿感。捷径是：看照片记姓名，强行记忆。

【实战案例】

记住全班学生，三天足矣！

七年级新生进校的头几天，我总是记不全学生的名字，常出现张冠李戴的现象。

"老师，我不是晨晨，我是蕾蕾！""老师，您又叫错我的名字了！"……这情形，逼得我不得不花大力气解决这个问题。

一、制作带彩照的座次表

首先是给学生照相。星期三语文晚自习时，我从家里带来单反相机，对同学们说："为了尽快记住每位同学，我要给大家照个相，没事时多看看你们的照片。请大家配合一下，当我来到你座位旁边时，把头抬一下即可！"

同学们很配合，照片很快就拍好了。

回到家后，我把这些照片调成 1 寸大小，打印出来。然后按照座次表的顺序，将学生照片贴在一张 A3 纸上，并在照片下面写上学生的名字。这样，一张放大了的带彩色照片的座次表就做好了。

二、看照片记座次，看座次记相貌

制作好座次表的当天晚上，我便趁热打铁，死记座次表。

首先，记座次。一组一组地死记，30 分钟后，我已能顺次说出每组学生的姓名了。其次，记相貌。以小组为单位，将照片一组组依次蒙住，对照学生姓名回忆学生相貌，要是实在想不起来，就再看一看照片。如此反复，20 分钟后，我已能对照学生姓名回想起所有学生的相貌了。最后，看照片记姓名。以组为单位，一组组依次蒙住姓名，对着照片回想学生姓名，若实在想不起来，就再看一眼。如此反复，10 分钟后，我已能对着照片叫出所有同学的名字了。

当天晚上，我便记住了这张座次表。

第二天早上起床之前，我躺在床上回想学生座次表时，发现多数都已忘记，便立马起床，拿出照片版的座次表，"认真复习"，再记一遍。

如此反复，两天之后，我全然记住了学生的样貌和座次。

三、随身带一张迷你型座次表

正如提笔忘字一样，我经常"看见人，便忘了名"。

于是，我又制作了一张迷你型座次表。将之前那张大大的照片版座次表缩到 1/4 大小，夹在备课本里，随身带着，若是忘记了哪个同学的姓名，立马查看。

经过三天的努力，我终于记住了全班同学的姓名、相貌和座次。

从此之后，无论是在教室，还是在操场，抑或是校外偶遇，我都能准确叫出学生的名字，师生之间的互动更加自然流畅，更加亲切温暖了。

锦囊 2　融入新集体

【应用时机】

新班组建之初。

【用法解析】

带班之初，必须尽快消除学生的陌生感，使他们找到心灵的归依；必须尽快让学生凝聚成团，产生新的班集体意识和主人翁意识。

【实战案例】

组织三个微型班会

开学之初，我组织开展了下列三个微型班会活动，帮助学生快速融入新集体。

一、"现在我最想说"

为消除陌生感，开学第一天班主任讲评时间，我开展了主题为"现在我最想说"的微型班会活动。

活动分为三个环节：

第一个环节，同桌背靠背。新生报名后随机就座，同桌两人转动身体，两两相背，闭着眼静默 30 秒，然后说出此刻最想说的一句话。

此时，大家还沉浸在升入高年级、步入新学校的兴奋之中，说出的话充满着激情。如："啊，我读中学了！""靠着你真温暖！"……

第二个环节，围成圈，面对面。全班同学围成一个圈，然后每个人分别和相邻的两位同学面对面，闭上眼睛感受 1 分钟，再睁开眼，说出此刻最想说的一句话。这一环节，大家的发言和第一个环节差不多，都表达了自己的想法，但这一环节的表达更为直白，如："今天我好开心！""希望我们能成为好朋友！"……

第三个环节，围成同心圆。全班同学围成一个面向圆心的圈，齐读我下发的短诗："相约新的班级／憧憬美好明天／站在新的起点／共建美好班级／做一个善良的人／一个真诚的人／一个守纪的人／一个勇于担当的人／一个爱国、爱校、爱家的人"。

活动结束后，同学们回到座位。很快，大家便叽叽喳喳地说开了，陌生感基本消失。

二、"抬钉子"游戏

为了启发学生把聪明才智用于班集体建设，选拔出临时班委会成员，9月1日晚上班主任讲评时间，我又组织了一个"抬钉子"游戏。

这个活动共有四步：

第一步，分组。把全班72名学生分成12个六人小组，自主推荐选出临时组长。然后每组分发五枚铁钉。

第二步，做游戏。要求各组想方设法，拿住一枚铁钉的一端，并用这枚钉子，挂住其他四枚钉子同时离开桌面3秒钟。指令下达后，同学们立即行动，有的在思考，有的在尝试。组内的每个人都团结在一起想办法，讨论得非常热烈。

第三步，反思。为完成这个游戏，组内同学是怎么做的？分为几个步骤？活动效果怎么样？通过反思，大家明白了一个道理：团结协作虽能成事，但却并非易事，必须有合作意识和探究精神，必须群策群力，共同努力。

第四步，小结。我说："这个游戏难度很大，在规定时间内，没有一个小组完成。但是，这个游戏的真正成功不在于五枚钉子同时离开桌面3秒钟，而在于大家表现出的合作探究意识、协调组织能力。通过观察，我很欣慰，感谢大家的精彩表现。"

活动结束后,我把活动中肯动脑筋、有号召力、有组织能力的同学挑选出来,组成了临时班委会。

三、"同站一张报纸"

为了进一步增强合作意识和团队精神,9月5日第四节体育课上,我和体育老师一起,又组织了另外一个微型班团活动——"同站一张报纸"。

活动规则:小组八人同时站在一张报纸上,坚持10秒钟。

活动分两轮:

第一轮,以寝室为单位。每个寝室八个人自然形成一组,走读生随机组成同性别八人小组。各组在讨论、尝试后纷纷站到了报纸上,抱成一团,先后完成了任务。

第二轮,以座位小组为单位。男女生混搭成八人小组,再次游戏。因为有了性别的差异,有的同学变得拘谨、不自在,甚至跑开了。看着这种情形,我立刻强调:我们还要比哪个组完成得最快,还要评出优秀小组长。听完我的话,小组长开始行动,把扭捏的同学拉到一起做工作。很快,同学们开始认真地讨论、尝试,一组接一组地完成了游戏任务。

游戏结束后,我要求同学们写出活动感悟并在全班交流,几乎所有同学都认识到:大家要有团队精神,只有相互协作,努力坚持,才能取得成功。

系列微型班会后,同学们很快融入了新的班集体,"集体荣誉感""主人翁意识"有所增强,班级建设快速步入正轨。

锦囊3 适应新环境

【应用时机】

新生违规违纪事件频频发生。

【用法解析】

带班伊始最重要的事,是组织学习《中学生守则》《××学校学生管理条例》,并对照管理规定自查自纠,快速适应新的管理环境。同时,组建班级小组,制定小组规则,正式启动新的班级管理模式。

【实战案例】

开展三次团建活动

新生开学第一周结束后,我组织同学们进行了总结反思。大家觉得,开学伊始,同学们能快速融入新的班集体,班级集体意识逐渐形成,取得了班级建设的开门红。但违规违纪较多,新的管理秩序尚未入脑入心。

开学第二周,我以"适应新的校园秩序"为主题,开展了系列团建活动。

一、开展"学生管理条例"知识竞赛

从第二周星期一开始,组织学生学习学校下发的小册子《争先创优,激发校园生命热情》。这是一本涵盖了"学生标兵""文明示范生""进步生""文明班级"等28项评先条例和"学生违纪处分条例""升旗仪式礼仪规定""住读生就寝管理条例"等12项管理规定的小册子。我要求学生每天集中学习两则、自学两则,在两周内全部学完,并做好"学生管理条例"知识竞赛的准备。

1.熟悉相关规定和条例。

2.拟定竞赛题。以小组为单位,针对评先条例和管理规定,集体拟定抢答题、必答题、思考题各一道题,然后交给班主任筛选、修改。第三周结束时,12个小组共拟定了三种题型36道竞赛题。

第四周星期一班团活动时间,我组织开展了"学校管理条例"知识竞赛活动。竞赛双方是男生队和女生队。

通过学习、竞赛,同学们对学校的相关规定已了如指掌,知道了哪些事是学校禁止的、哪些事是学校提倡的,知道了如何才能成为优秀中学生,极

大地激发了同学们争先创优的热情。

二、开展自我诊疗活动

这个活动有三个环节：

第一环节：自我诊断。新生入学第四周星期五最后一节课，我要求学生从学习成绩、课堂状态、就寝表现、纪律表现、兴趣爱好、与人相处等维度进行自我诊断，就像医生写病情诊断书一样，用50字以内的篇幅把自己最得意的表现和最需要改进的地方写出来。然后，又像医生开处方一样，写出"自疗方案"，确定努力方向。

第二环节：家长诊断。双休回家后，学生和家长一起对"自我诊断"和"自疗方案"进行补充和完善。

第三环节：督促进步。从第五周开始，老师、家长、同桌组织特别观察团，关注每位同学的努力过程，并适时提醒，不断鼓励。

这个活动是一个长效机制，可每月组织一次，长期坚持。它的好处是：整合家校资源，引导学生不断追求进步，助力良好班风的形成。

三、开展"同在一个小组"团建活动

这是一个长效机制，将持续伴随学生三年之久。

初始阶段的活动分为四个环节：

第一环节：竞选小组长。通过学生报名、家长推荐、公开演说、学生投票四个环节，选出12名小组长。

第二环节："组长答记者问"，这一环节分三步走。

第一步，班主任对学生投票产生的组长进行集中培训。从组织号召能力、管理职责、服务意识、正义感和集体荣誉感等方面进行互动式培训。

第二步，组长组织制定小组创优细则，并征求同学、家长、老师的意见。

第三步，"组长答记者问"。让12名组长坐在前排，接受同学们关于小组建设的"采访"。12名即将担任组长的同学依次讲述当组长后的打算，向全班同学作出承诺，并就同学关心的问题进行回答。

第三环节：组建班级小组。根据学生的学习状况、个性性格、兴趣爱好、纪律状态，把全班同学均衡分成12个小组。

第四环节：制定小组评价方案。小组评价的基本原则是一荣俱荣，一损俱损。我给每个同学100分的基础分，若表现良好，则给予他本人一定的加分，给予小组其他同学减半加分，如：某同学主办的手抄报获学校表扬，他本人加2分，他所在小组成员各加1分。对表现欠佳的同学给予一定的扣分，小组其他同学减半扣分，如：某同学抄袭作业，同学本人被扣去1分，小组其他同学均被扣去0.5分。每周一统计，半学期一汇总，期中期末表彰人选从学生个人得分较高者中产生。

这是新生入学第二周便开始的管理措施，在以后的初中生活中，这项措施始终相随。但是，"小组成员结构""小组评价方案"需要根据学生的年龄特征、心理特征等实际情况适时调整。

锦囊4　为自己点赞

【应用时机】

学生取得进步之时。

【用法解析】

引导学生寻找自己的优点，为自己鼓掌加油，不断强化自我认同感，不断增强自信心，形成阳光、向上、自信、进取的个性气质。

【实战案例】

"比晒荣誉"

2015年2月13日，看到这样一则央视新闻："你最想为谁点赞征集ing……"

你想给谁点个赞？点赞容易，说出来难。我们有多久没用言语认真地表达过赞美？有多久没当面夸夸身边的爱人和朋友？又有多久没跟父母道出真诚的感谢？除了录制点赞视频，就现在，打个电话给他们，道思念，唠家常，把你的赞美亲口告诉 TA。让你的问候成为他们今天的暖阳！

这则新闻不仅启发我给身边的朋友点赞，为我的家人点赞，还给我的班主任工作带来了灵感，使我经常开展"为自己点赞"班团活动。

一、适时组织"为自己点赞"微型班会

活动分两步：

第一步，为自己点三个赞。要求同学先在周记本上打草稿，然后在小组内宣读点赞内容。点赞格式是：近期，我在＿＿＿＿＿＿＿方面表现不错，具体表现是：＿＿＿＿＿＿＿，可用＿＿＿＿＿＿＿来评价自己，故而为自己点赞。要求写三则。

第二步，为好友点三个赞。先在周记本上写，然后走到好友身边，宣读你的点赞内容。点赞格式是：近来，你在＿＿＿＿＿＿＿方面表现很好，具体表现是＿＿＿＿＿＿＿，可用＿＿＿＿＿＿＿来形容，故而为你点赞。要求真心实意地为好友写三则赞语。

下面是李智同学为自己、为好友龙小玲点的赞。

上学期，我在体育方面表现较好，具体表现是：运动会上男子跳高、男子 400 米分别获得第二名、第三名，可以用努力拼搏、为班争光评价自己，故而为自己点赞。我在寝室内务整理方面表现较好，具体表现是：床铺得平整，衣物摆放整齐，可用干净整洁、寝室表率来评价自己，我为自己点赞。我在英语学习方面表现较好，具体表现是：期末考试成绩进步很大，得了 104 分，可用进步突出评价自己，我为自己点赞。

龙小玲，你课堂听讲认真，积极思考，可用聚精会神来形容。我为你点赞。你班级活动积极主动，所表演的文艺节目获得了学校二等奖，可用班级文艺精英来形容。我为你点赞。你字迹工整，作业本看上去让人赏心悦目，

可用一丝不苟来形容。我非常看好你，为你点赞。

二、每两周举办一次"比晒荣誉"主题班会

每逢双周，我都会组织"晒荣誉、晒进步"主题班会，班会基本程序如下：

环节一：各组组长集中概述小组成员的进步情况、所获荣誉和先进事迹。

环节二：各组长推荐事迹最为突出者集中展示自己的成绩。

环节三：班主任进行活动总结。

这样的班会既可组织所有小组集中定期"比晒"，每两周一次，也可以让成绩突出的某一个小组"专场独晒"。

当然，这只是基本程序，学生并不喜欢一成不变，具体操作起来需要有所变化，"晒"的方式可以是绘声绘色地用嘴说，也可以用幻灯片展示，还可以是实物展览。

如：3月份，王若林等四名同学获得了全省作文竞赛一、二等奖。我临时组织他们"晒"获奖作文中的精彩片段。

又如：4月份，女生302寝室被学校评为"雅室"。我拍了寝室里的照片，制成幻灯片，请语文科代表撰写解说词，请寝室成员代表现场解说……

"比晒"的荣誉不仅有校内荣誉，还有校外荣誉；不仅有学校和班级认定的荣誉，也有别人并不知晓或发生在家庭、社会中值得骄傲的事情。

2015年4月，我接到一位老同学的电话，说是他妻子早上六点骑自行车上班时，在学校附近被一辆摩托车撞倒，一名身穿校服的男生将其扶至路边，边陪护边打110、120，直到他妻子被送去医院才去上学。他想让我帮忙查一查，帮忙找到这名好心的同学，他好表达感谢之意。正好，那天我上第一节课，于是，便从我班上开始查起。

"同学们，刚才我接到老同学的电话，说是我们学校一名男生做了一件了不起的大事儿……若是有人知情，还请告知，人家要来学校表达谢意。"

话音刚落，小徐举手了："老师，这件事是我做的。为此，我耽误了整

个早自习，英语老师还要我写说明书呢。"

小徐同学平时上课常常无精打采，迫不及待地等着下课，做作业不是很认真，还经常干扰其他同学学习，多次被老师和同学友情提醒。

我临时决定，让他"晒晒"先进事迹，谈谈自己的感悟。

"老师，事情是这样的……感受嘛，我骄傲！我骄傲！我骄傲！事后真觉得挺幸福的，少上一个早自习，值了，被罚写说明书，也值了！"言辞之间，洋溢着无限的骄傲与自豪。

这时，组长胡庆元举手，要求发言。他说："老师，这次，他不仅为我们小组争了光，也为我们学校争了光。我们小组加分奖励自是当然，但还不够，我们组将起草一份倡议书，号召全校同学向他学习！"

最后我为这次"专场独晒"活动作小结："小徐同学的先进事迹值得大家学习，我们一定要将这种助人为乐的品质发扬光大。从今天起，希望大家把在家里、在社会上的良好表现也拿出来晒一晒，不仅是为了给小组加分，更是为了在全班同学面前展示自己身上的正能量。"

半月一次"比晒荣誉"，适时"比晒先进事迹"，让学生懂得了这样一个道理：欣赏别人固然必要，欣赏自己更加难能可贵。同时，也让我明白，唯有长期坚持类似的活动，自信才会在学生骨子里慢慢发酵。

锦囊 5　写祝贺词

【应用时机】

后进生信心不足。

【用法解析】

寻找后进生的优点、长处，写祝贺词，当众宣读，肯定进步，增强动力，使他们自信满满，热情似火。为学习进步、品质提升、习惯优化插上腾飞的翅膀。

【实战案例】

祝贺你，同学！

给优生找优点很容易，给表现欠佳者找优点相对要难一些。

七年级下学期期中考试后，我着眼于表扬后进生，增强他们的自信，于是启动了这项班级措施。

一、全班动员

我的动员词是："同学们，本学期以来，我们班所有同学都取得了这样或那样的进步。章淼同学拾金不昧，拾得人民币若干元，上交政教室，受到学校表扬，得到失主家长的当面感谢；罗湖同学通过他的家长借来了运动会入场式的领队服装，为入场式取得年级第二名立下了汗马功劳；陈晨同学的家长（市一医院医生）借来校探视之机，定期给患有慢性胃炎的龙子涵同学检查病情，表现出高尚的互助情怀……

"可是，在有些同学眼里，在有些家长眼里，学习成绩欠佳者，尽管有很多优异表现，却依然不被看好。而我要说，你们也是优秀学生，是我们全班、全校同学学习的榜样！

"从今天开始，我们班要启动一项新的班级措施——同学间互相寻找优点，取长补短。并针对别人的优点撰写祝贺词，定期在小组会上或在全班大会上宣读。"

二、组织祝贺词朗读活动

除了组织全班开展"宣读祝贺词"活动，我也亲自参与各个小组的"宣读祝贺词"活动。

比如，我曾参加过第四小组的"宣读祝贺词"活动。活动中，张小川对刘明子说："我祝贺刘明子同学，你总是那么专心致志。经观察发现，你上课听讲很专注。听不懂的时候，你就把问题记下来，下课后，立马向老师、同学求助。所以我要祝贺你，这样发展下去，你一定前程似锦！"

而刘明子写给徐天昊的祝贺语则是："亲爱的同学，祝贺你！你对遭遇车祸妇女的帮助行为令人钦佩。你的精神如一阵暖人的清风拂过我的心坎，净化我的心灵，如沙漠绿洲里的清泉流进我的血液，滋润着我的思想。你为班级争了光，为学校争了光，向我们展示了你金子般的美好心灵，你太了不起了！"

……

三、让祝贺词更有文采

我发现，学习成绩优秀者撰写的祝贺词文字更加优美，其温暖心灵、激发自信的作用更强，便在小组会上强调：

1. 让综合表现优秀者给表现相对滞后者写祝贺词。

2. 写给优生的祝贺词可以是清单式的优点罗列，写给后进生的祝贺词必须洋洋洒洒，浓墨重彩，这样做，不仅锻炼了文笔，更容易激发并增强后进生的自信。

小进同学成绩不佳，对所有班级活动都不感兴趣，其言行举止有点像农村的小老头，没事的时候，常蹲在教室门前台阶上，双手撑着脑袋，眯着眼望着天。他没有什么朋友，总是独来独往。若遇到上课没听懂、作业不会做、笔芯没水了等不如意事时，常发出一声长长的叹息："唉——"

我知道，这是隔代抚养造成的。小进父母离异后又各自组建了新的家庭，他从小跟着爷爷奶奶长大，一年和父母见不了几回面。但他有一个很大的优点：他的个人卫生是全班做得最好的。漱口杯、毛巾、盆子、水桶摆放得特别整齐，被子叠得特别有型，床单铺得最好，没有一丝褶皱。大家在卫生评比中把他评为"卫生一哥"。我不失时机安排寝室长给他写了一份祝贺词，经我修改后让寝室长在全班大会上宣读：

"你是名副其实的卫生一哥，你叠的被子像新出炉的豆腐块，惹人喜爱；你的床单总是平整如新，一尘不染，在我们寝室里鹤立鸡群；你的漱口杯、盆子等总是摆放有序，堪为表率。我们知道，你不是有意为之，乃多年习惯使然；不是为了显摆，乃纯洁的天性使然；不是为了迎合老师，乃法乎自然为成。

"祝贺你，卫生一哥，你是全班的榜样！在你的影响下，我们定能创建卫生先进班级！"

寝室长朗读祝贺词时，小进同学眼里噙满了泪水。他感动着，自豪着，温暖着，幸福着。此后，他开始起飞，渐渐地，笑容多了，朋友多了，心里的阳光也多了！

写祝贺词的做法，不仅让被祝贺者倍感温暖，自信心不断增强，也让其他人看到了不足。大家不断调整努力方向，心怀感恩，一路欢歌，踏实前行。

锦囊6　严肃对待班级事务

【应用时机】

少数学生视班级事务如儿戏。

【用法解析】

培养学生对班级事务的敬畏之心，即：通过现场制止、个别谈话、跟踪帮扶等，让同学严肃对待、主动参与班级事务，促进班风学风的不断优化。

【实战案例】

岂能如此儿戏

再一次轮回到七年级时，我遇见了一个特别随意的学生小茗。

我发练习本点他的名字时，他学着影视剧中的清朝官员来了一句"嘛——"，教室里顿时哈哈大笑。

我询问今天谁是值日生时,又是他应了一声:"是小胖子——"

我动员大家推荐临时班委,要求同学们举手推荐别人,或自我推荐时,他的表现更加令我惊讶:

他先是不停地嘀咕:"我推荐,我推荐,我推荐……"

我以为他真的要推荐某人担任班干部,便说:"小茗同学,你推荐谁?"

听见我对他说话,他稍停了一会儿,然后继续着先前一样的嘀咕:"我推荐,我推荐,我推荐……"

我有点疑惑了,这孩子怎么了?我大声对他说道:"小茗同学,请你站起来,好好说话,你要推荐谁?"

在我的注视下,他慢悠悠地站了起来,嘴里继续着:"我推荐……"

"你要推荐谁担任班干部?"我严肃地说。

他接下来的举动让我大跌眼镜,他边说边用手逐个指着周围的同学说:"选瘦的,选肥的,选瘦的,选肥的……"

竟然把临时班委的推荐当成了幼儿园的游戏,我有些生气了,更加严肃地说:"推荐班干部岂能如此儿戏!你要推荐谁,直接说他的名字,不然,请闭嘴,坐下!"

这是一种极不严肃、极其随意的校园生活状态。我严正告诫,并采取了下列措施帮助他:

1. 及时制止。和所有任课老师统一步调,一致行动。凡课堂上出现类似情况,及时制止,并要求学生:"严肃对待班级事务""严肃对待老师提问""严肃对待学习""认真倾听同学发言""杜绝自言自语式发言"。

2. 单独谈话。起初,我每天放学前都要找小茗单独谈话,询问他"今天有没有发生'极不严肃的事件'",及时表扬进步,指出不足,提出要求。直到他取得明显进步时,才将每天一次谈话改为每周一次谈话。

3. 同学帮扶。召集小茗及其前后左右的同学开会,经小茗同学允许,请其他同学帮助他,及时指出问题,及时提出良好建议。

4. 家校交流。要求家长与学生谈事时,一定要一本正经,保持严肃状态。和家长保持高频率交流,开始时,每天和家长电话联系一次,随着学生进步，逐步降低家校交流的频率。

锦囊 7　有话当面说

【应用时机】

背后说同学坏话。

【用法解析】

带班之始，倡导形成"有话当面说"的良好风气。通过班级量化管理，对背后说人是非的行为进行惩戒；倡导当面表达意见和建议，当面表达不满和赞美。

【实战案例】

扣分，只为帮你

"老师，小陈在背后说我坏话！"

"老师，小刘总在背后说您作业布置多了，话说得很难听，有时候还说脏话！"

……

背后说三道四是很不好的习惯。说同学的"坏话"，影响同学间的感情；说老师"坏话"，影响师生关系。有事当面不说，背后乱说，会严重影响良好班风的形成。我必须遏止背后"说坏话"的风气。

我的措施有三：

一、"背后乱说"要扣分

我在班里实行了量化评分的管理措施，包括小组量化管理、个人表现量化管理等。每学期的班干部评先、学生评先、小组评先都由量化结果决定。这种做法避免了老师凭印象提名，学生凭亲疏投票的弊端，改变了该表彰的人得不到同学认可，不该表彰的人因与大家一团和气反而高票当选的状况。

我规定，凡背后说别人坏话的，一律在个人表现量化评分中予以扣分处理，每次扣2分。扣分线索由老师和同学提供，班主任亲自核查，亲自实施。并强调：扣分，是为了帮助你！

二、倡导有话当面说

为了营造良好的班级氛围，我在全班倡导："对老师、对同学，你有意见也好，提建议也好，要当面表明，不允许背后乱说。当面不说，背后说，明着不说，暗地说，我们称作'嚼舌根'，是遭人唾弃的行为。

"我们班有一个女生曾对我说，她转到我们学校之前，和同桌关系很好。可是，这个同桌有个毛病，喜欢背后说她坏话。最后终于导致两人关系恶化，她下定决心不再和同桌交往。她说服家长，转学到了我们学校，到了我们班……

"今后，咱们班要杜绝背后说人坏话的现象，有事当面讲，有话当面说，做事光明正大，做人堂堂正正。"

三、告诉他你的不满

早上，一玲同学来找我，诉说心事：

"……昨天，物理试卷发下来后，我发现老师给我少算了10分，我便举手找李老师：'李老师，您给我少算了10分。'不知道为什么，我话未说完，便哭了起来。李老师赶忙安慰我：'我看看。哦，你放心，我一定把分给你加上。'

"下课后，小冠来到我身边，学我上课时的哭样儿，我没有理他。晚自习时，他又来到我跟前，学我的哭样儿，引得好多同学笑话我。

"今天早上，我刚进教室，小冠又来到我身边，学我昨天的哭样儿，再次引得同学们笑话我……"

我问一玲："你有没有表露过你的不满呢？"

"我……我没有。"一玲怯怯地说道。

我知道了问题的症结所在，决定从两个方面着手：

一是当众批评小冠同学，让所有同学引以为戒。

二是鼓励一玲直面小冠同学，明确告诉对方，你对他的表现极为不满。这样，才能避免一而再再而三地遭对方嘲笑和攻击。

锦囊8 将错误"铭记于心"

【应用时机】

学生屡屡在同一个地方跌倒。

【用法解析】

学生犯了错误之后，要通过案例剖析、危害解读、纪律处分、惩戒体验等方式，使其感受后果之严重，危害之巨大，从而铭记错误，下不为例。

【实战案例】

让孩子记住教训

我曾经接到过一个长达48分钟的家长电话，学生小林的家长非常苦恼，他说："英语老师反映孩子不交作业，老师和家长苦口婆心，收效甚微……"

家长滔滔不绝地说着，并且越说越激动："周老师，我真是没辙了，您说，我该怎么教育他呢？"

我一直倾听着家长的诉说，感受着家长的无助。渐渐地，我明白了其中的原因：每次孩子有错，家长也好，老师也罢，都不过"说说"而已，都未能有效督促孩子改正错误，没有让曾经的错误在孩子心中留下深刻的印象。

教育是一项因人而异的事业——

对学生甲，你一个眼神就能起到警示作用。对学生乙，当众点名，就能给他留下深刻印象。对学生丙，你需要厉声呵斥，才能起到警示作用。而对学生丁，你得罚他写检查才能起到警示作用……

那么，怎么才能让小林"下不为例"呢？

我在电话中对家长说：

"要想办法让学生对曾经的错误'铭记于心'。被刀划过手的孩子会非常谨慎地用刀，被开水烫过的孩子会非常谨慎地对待开水，被火灼烧过的孩子会忌惮火苗，被蜈蚣咬过的孩子再见蜈蚣时会躲得远远的。

"要想学生不屡犯同样的错误，不在同一个地方多次跌倒，就得让学生对曾经的错误有深刻的记忆。孩子每次犯错后，处罚措施要给他留下深刻的印象，比如：学生早自习屡屡迟到，可尝试让孩子每天晚上睡觉之前，写10遍'早自习不能迟到'，然后将这句话大声朗读20遍。学生不交作业，可尝试罚他写反思，工工整整写600字以上。上课老是'插话'，可尝试罚做家务，要把他累得大汗淋漓，气喘吁吁。出言无状不尊师长，可尝试让他背诵20条文明礼貌用语。打架斗殴，可尝试罚他背书，背诵《长恨歌》一类的长篇。"

当天晚上，家长按照我所说的，针对孩子不交英语作业的错误行为进行批评，罚他把家里的地板拖一遍。因为技艺不精，此次拖地花了很长时间，给孩子留下了深刻印象。

其后一周，学生再无不交英语作业的现象。

其实，学校教育也是如此，老师也要想办法让学生对曾经的错误"铭记于心"。

代价足够沉重，后果足够严重，学生才会铭记今天的教训。

锦囊9　举行缺点告别仪式

【应用时机】

期中家长会之后。

【用法解析】

营造严肃的仪式氛围，当众宣读"个人缺点告别书"，全班学生集体宣誓，郑重承诺，挑战缺点，超越自我，追求进步，永不停止。

【实战案例】

全班集体宣誓

八年级下学期的家长会上，家长们普遍反映：学生从没有像今天这样热爱学习、热爱老师，从没有像今天这样充满自信。但作为家长，他们总是希望孩子变得更好，因此提出了很多疑虑：

"周老师，我知道你为孩子付出了很多，孩子也非常喜欢你。但是，他有一个典型缺点：太喜欢上网了，常常一上网就是几个小时。您说他能改过来吗？"

"周老师，说实在话，我孩子的行为习惯比起小学，有了天壤之别。但是，我希望他的学习也能有长足的进步，将来能考取重点高中。"

"我的孩子，在家里表现得非常自私，作为家长，我觉得这会影响他未来的发展。听说，您是特级教师，是教育专家，想请您给想想办法，我们不胜感激！"

……

受家长的启发，为了让学生不断取得新的进步，让自信的资本越来越厚实，我组织学生举行"缺点告别仪式"，引导学生挑战缺点，战胜缺点，不断增强综合实力。

缺点告别仪式的程序如下：

1. 班主任致辞。

我说："同学们，金无足赤，人无完人。我们每个人都有缺点，都有不足，我们必须鼓起勇气，正视缺点，挑战不足，力争在较短时间内战胜缺点，取得新的进步。"

2. 同学们依次宣读"个人缺点告别书"。

班长韩涵首先发言："我的缺点是什么都不擅长，什么都不精通。我好像什么事都知道一点，什么活动都能参加，篮球、乒乓球、长跑、短跑、唱歌、跳舞、书法、绘画等，但却没有一项获得过优异成绩，包括我的学习成绩。从今天开始，我要有所改变，以课堂发言、打篮球为突破口，精益求精，不断进步。上课发言周密思考，课堂作业一丝不苟。提高篮球运球能力和投篮准确率。告别浅尝辄止的缺点。"

喜欢网络游戏的单枫发言说："我的缺点众所周知，晚上玩游戏的时间太长，一般不到12点不上床睡觉，而且多数情况下，是在妈妈的再三催促下才上床的。最近，周老师帮我想了一个办法，那就是写游戏心得体会，玩一次写一次，增强理性思维，增强自控能力。今天，我当众宣布，我将在父母和老师的帮助下，不断提高自控能力，直至告别游戏，永不再玩！"

早自习经常迟到的龙江华说："我是住读生，有睡懒觉的毛病，每天起床时，虽有同学提醒，但还是起不来，早自习经常迟到，我非常懊恼，家长也无可奈何。今天，我向所有同学承诺，将逐步改掉这个毛病，并且，我想请同寝室好友林杰同学给我当'义工'，每天督促我起床。"（事后不久，他果然改掉了睡懒觉的毛病。）

3. 全班宣誓。

同学们依次宣读完"个人缺点告别书"后，团支书带领全班同学一齐宣誓：

告别陋习，重塑今身。我宣誓：我将告别谎言，一诺千金。告别自私，友爱团结。告别脏话，语言文明。告别肮脏，讲究卫生。告别浪费，勤俭节约。不沉溺游戏，文明上网。告别庸俗，举止优雅。告别懒惰，勤学好问。告别任性，孝敬父母。告别浅薄，崇尚美德。宣誓人：×××。

　　这样的仪式，后来又举行过很多次。不过，后来的类似班会多为微型班会，只有少数人或个别人发言，因为大家都在进步，学生综合素质不断提高，具有明显缺点的人越来越少了。

第二节　树立干部威信

锦囊10　激发当班干部的热情

【应用时机】

刚进初中时,学生担任班干部的热情不高。

【用法解析】

听名人讲述曾经当班干部的经历,了解当班干部的好处,激发热情;回忆优秀班干部的良好表现,畅谈初中阶段的打算,敢于担当。

【实战案例】

我能当好班干部

2013年9月1日,七年级新生报名的当天,晚讲评时,我作了一个统计,全班70人中有56人曾经在小学担任过班干部,仅有11人愿意继续担任班干部。

为了激发大家担任班干部的热情,挑选出临时班委会人选,我于9月2日课外活动时间,组织了一个题为"我要当班干部"的班会活动。

一、前辈导航——讲述前辈们担任班干部的故事

设计目的:通过报刊选读,播放视频,让同学们了解当班干部的必要性。

第一步:了解名人轶事。通过PPT了解2011年12月25日《成都商报》

"名人的班干部故事"片段。

1. 四川大学新闻系主任张小元在和记者谈及小学求学经历时略显激动地说：小学时，我很调皮，但很有号召力，曾当过一个星期的代理小队长，一周后，小队长病愈返校，我也就告别了这段极其短暂的班干部生涯。这是一段特别珍贵的记忆。

2. 著名作家洁尘回忆求学的经历时说：我当班干部的历史挺长的，学习委员、班长、大队委、学生会主席……如今想起来，最有成就感的是初中的一次运动会，作为学生会主席，我策划了一个"获奖运动员发表感言"的环节，让谁上去讲、讲什么、什么时候讲都由我一个人安排，我花了很多心思，有些细节至今记忆犹新。

小结：班干部，是一个让人骄傲的角色，是一段令人回味的经历。多年以后，回首往事，这段经历还会历历在目，使人激动不已。

第二步：观看2005年6月3日央视《实话实说》栏目《班干部管班干部》视频片段。

《实话实说》之《班干部管班干部》台词：

主持人：文彬先生，孩子文致远有没有为当不上班干部闹情绪？

文彬：情绪确实有，情绪有波动，对校园生活有影响。

主持人：您小时候当过班干部吗？

文彬：当过那么一次。也不知道是怎么瞎猫碰上死耗子碰上的。

主持人：母亲当过班干部吗？

翟静宜：我从小学三年级开始，一直到……到我不上学为止始终都是班干部。

主持人：您觉得当班干部有什么好处？

翟静宜：和老师走得近，学习方面近水楼台先得月。再就是锻炼了与人交流的能力，提高了办事能力，在同学们中威信较高。

主持人：您当班干部时老师用什么标准来选择，您怎么就当了班干部了？

翟静宜：班上有什么事情你积极出头，那么老师选中你的机会就比较多。

小结：同学们，今天的社会，是一个开放的社会，任何事情的完成都离不开大伙的精诚合作，我们必须学会上传下达、穿针引线、协调合作，那种不想抛头露面，不想抛砖引玉的性格，已不适合时代的要求。想成为未来世界的精英，就从担任班干部开始，我希望每位同学都拥有这份激情。

二、回忆优秀——描述记忆中优秀班干部的细节表现

设计目的：引导同学们回忆小学时优秀班干部令人信服的表现，明白优秀班干部受大家欢迎的原因。

余小洁：六年级时的学习委员晨晨是学习上的"小老师"。老师进教室前，他总是组织大家准备好学习用具，开始预习，常主动为学习差的同学补课。

杨红：我五年级时的卫生委员小尤以身作则，每当地上有果皮纸屑，她都主动捡起，并号召同学们一起保持教室卫生；每当有同学生病，她总是第一个站出来，把她扶到医务室。

陈晨：我五年级的班长总是带头为班集体服务，他负责的黑板报每次都获全校优秀奖。他组织成立了一个全校性的书法美术兴趣小组，定期组织活动，小组成员参加比赛，取得了很多成绩。

肖灵：我三年级的班长非常有爱心，在为贫困山区和四川地震灾区献爱心活动中，积极带头，把1200元的压岁钱全都捐了出来。

……

小结：感谢同学们的踊跃发言，看来，大家心里都有一杆秤。只有那些以身作则、认真负责、乐于助人，有活动能力和组织能力的班干部才是大家心目中的好班干部。在我们这个新的班集体中，有56名同学曾在小学担任过班干部，我想，在你们当中，一定有不少同学是受大家拥护、令人信服的班干部。下面，我想作个现场调查，就你的班干部经历来看，你属于受欢迎的班干部吗？若是，请举手。

好的，我简直太高兴了，经过清点确认，我们班竟然有42名优秀班干部。那么，我们现在重新统计一下愿意继续担任班干部的人选……哇，太出乎我的意料了，竟然有33人愿意在新的班集体中担任班干部。

三、我能胜任——热心班务工作的同学畅谈打算

设计目的：以"我能胜任"为话题，引导学生谈自己当班干部的优势、经验、打算。

郭小山：同学们，我来带头。小学毕业考试，我成绩优秀，是双100分。小学六年，我当了六年的班长，有丰富的经历和经验。更重要的是，现在我依然热情不减，希望继续担任班干部，为班集体服务。

陈小楠：我当过一年的体育委员，曾在全市中小学运动会上获得100米、200米、400米三个第三名，我一定能当好咱班的体育委员。

胡石：我觉得我能胜任副班长的角色。我有较强的号召力，尤其是在男生中，我读了三所小学，班上的男生都听我的。而且，我还有篮球特长。

……

小结：听了刚才33名同学的发言，临时班委会、各学科科代表、各小组组长共计25人的人选我已心中有数，明天宣布，任期一个月，一个月后，咱们来个公开竞选。最后，我要强调一点，优秀的组织能力、活动能力、兴趣特长，与学习成绩是相互促进的。大家有没有发现这样一种现象，有的人班干部当得好，特长非常显著，学习成绩也优秀，而个别同学则完全相反，学习成绩滞后，没有任何特长，不参与任何活动，无法胜任班干部？这一现象告诉我们，各方面素质的培养是相近相通、相辅相成的。想要在初中阶段有良好的发展，不妨从当班干部开始。

锦囊 11　班干部要严于律己

【应用时机】

班干部素质亟待提高。

【用法解析】

通过专题评议活动,让班干部认清自身不足,不断进取。通过个别帮扶,优化方法,提高干部队伍素质,增强班级凝聚力。

【实战案例】

陈小楠的进步

经验告诉我们,学生干部的工作能力是有限的。他们虽有当班干部的热情,无奈经验不够,虽想转化后进生,却急于求成,不知变通,很难得到同学们的认可。也有个别同学,只是虚荣心作怪,只想借班干部身份炫耀自己。因而,加强干部队伍的培养,我们任重道远。

一、以身作则

陈小楠是体育委员,但他的成长并非一帆风顺。

他的体育特长是毋庸置疑的,在班内无人能比。他在担任临时体育委员后,很有热情,无论是早操、课间操还是体育课,他组织站队,带领大家跑步,喊口令,有板有眼。但是他有一个明显的缺点——纪律观念不强。比如,上课不认真听讲;晚上就寝铃响后,带头讲话,多次受到宿管员批评;课间,常带领几个男生蹿入其他班级……

为此,我专门组织了一个班干部评议活动:发动同学肯定班干部的优点,说出他们的不足和缺点。

以下是大家评议陈小楠同学的片段实录:

曾小华:陈同学在体育特长方面,是我见过的同学中表现最为突出的。

刘成山:他在体育课上表现出的组织能力非常强,大家也挺服气,都听他指挥。

单晓先:在两操活动的组织上,他明显比兄弟班级的体育委员表现要好!我点一个赞。

陈坤：他能团结同学，尤其是能和男生打成一片。

师：那么，陈同学有没有什么要改进的呢？

李诗云：他上课听讲不认真，给别人写纸条，在下面讲小话。

何晗：晚寝时，他最喜欢讲话，我们寝室几次扣分都是因为他。

尤小杰：他欺负个头小的同学，还常蹿到其他班教室里去。

……

师：那么，同学们，你们觉得需要撤换体育委员吗？

部分同学异口同声：不能撤！

师：那么，陈小楠，你虽然有很多不足，但依然有很多同学为你点赞，你将用怎样的行动回报大家对你的信任呢？

陈小楠：改掉缺点！

师：作为班干部，不仅要能胜任相关工作，还要在学习上努力，在纪律上以身作则，在活动中争先创优……

讨论会之后，陈小楠的自我要求明显提高了，各方面表现都有明显进步：晚寝讲话现象减少了，欺负小个子同学的现象再也没有发生过，上课传纸条讲小话的毛病逐渐改掉。

类似的讨论，后来又组织过几次，大家开诚布公，坦诚相待，促进了班级和谐，促进了班干部成长，使全体同学都认识到：作为班干部，不仅要明确自身责任，做好分内之事，更要以身作则，各方面都要起模范带头作用。

二、优化工作方法

和普通同学一样，班干部的心智还不够成熟，处理偶发事件时往往不讲方法，不够灵活，不知进退。

陈小楠是星期三的值日生，在他值日时曾发生过这样一件事：

上数学自习课时，大家都在认真自习，可小君同学却坐不住，多次借故转身和后面的小凌同学讲话，但小凌同学并未理他，直到她的两本书被小君碰掉在地，小凌才大声向值日生报告。

作为值日生，陈小楠要求小君站起来，站着自习。而小君则请求主动向小凌赔礼道歉，别让他站起来。陈小楠不答应，执意让他站起来。双方很快发展成当众争吵。直到数学老师来到教室，得知事情原委，他也要求小君站起来。但此时，小君的情绪很激动。

"我就是不站起来，我已经向小凌赔礼道歉，为什么这样对我？就是欺负人。"小君用手指着陈小楠愤愤地说。

"自习违纪，你还有理了？这是道歉就能了的事儿吗？"数学老师站在陈小楠一方，并把小君叫到办公室单独谈话。

第二天，我得知此事后，对小君同学进行了批评和安抚，并把陈小楠叫到办公室，从灵活处理违纪事件的角度与他进行讨论：

"小楠，我们班干部处理学生违纪事件的目的何在？"我开门见山。

"让他认识到自己的问题，并马上改正。"小楠胸有成竹地说。

"那么，小君同学认识到自己的错误了没有？及时改了没有？"我盯着小楠的眼睛问道。

"应该说，他意识到了自己的错误，并向别人赔礼道歉了。"

"那为什么还会闹成这样？"我再次发问。

"因为他不愿意接受惩罚，不愿意站起来。"

看着陈小楠，我想起了自己读书时当班干部的情形，语重心长地说："作为班干部，我们的责任是维护班级秩序，让犯错的同学认识到错误，诚恳改正。而接受惩罚则是次要的。小君同学诚恳道歉，并停止错误行为，你的目的就已经达到。执着于罚站，导致他心生抗拒，这不是你要的结果。在以后的工作中，你要切记两个原则：一是让同学认识错误，停止犯错；二是求助于老师。而执着于违纪惩罚，往往事与愿违，尤其是老师不在场时。"

渐渐地，小楠同学开始注意自己的工作方法，并逐步成长为一名优秀的班干部。

锦囊 12　为班干部立威

【应用时机】

借助大型活动，树立干部威信。

【用法解析】

协助班干部成功组织朗诵会、运动会、英语演讲比赛等，取得令人信服的管理效果。协助班干部妥善处置偶发事件，获得全班同学的点赞。

【实战案例】

他是总指挥

怎样才能树立班干部的威信呢？要点有四：协助班干部做好活动预案，放手让班干部开展工作，切实提高班干部的管理能力，及时纠正班干部工作的偏差。

来看陈小楠的成长案例。

一、运动会大放异彩

我常常自豪地回忆七年级上学期的田径运动会，那次，我当众宣布体育委员陈小楠是此次运动会的班级总指挥。

半个月前，我就指导他制订了详细的工作计划，这个计划的执行思路有三点：

一是班主任的工作重点由体育委员当众安排。在全班动员会上，小楠同学宣读了工作方案，布置工作内容。在安排工作时，他有这样一句话："周老师是班级代表队的教练，负责协调处理竞赛中出现的特殊情况，比如，与组委会协调，在大会纪律允许的范围内更换参赛选手。"这句话把我纳入体育委员的管辖之内，既体现了我对他的信任，也有助于树立他的威信，便于他开展工作。

二是让全体班干部参与组织工作。每位干部负责一个比赛项目，看谁负责的项目成绩最好。这个思路在组织报名、赛前训练、赛中服务、赛后小结等环节均有体现。他还成立了一个观察组，关注每一个比赛项目，如果发现哪个项目有问题，随即向我汇报，并带着我一起去督察。督察时，他唱主角，我当配角，我总是支持他的所有做法，因为这些做法都是事前和我商量好的。这很好地树立起了他的威信。

三是熟悉比赛规则，创造优秀的比赛成绩。有一个集体项目叫作"八人九足跑"，即八人排成一横排，将相邻的两条腿绑在一起，齐步跑向终点，距离为20米。比赛规则中有这样一条：若绑带散了，要马上报告裁判停止计时，待重新绑好，再向裁判申请重新计时。比赛中有人摔倒了，亦作同样处理。若未申请停止计时，则比赛继续。正式比赛时，我们班的运动员是最后到达终点的，但论名次却是第一，因为其他班级同学，虽然都知道绑带散了必须停止计时，却不能很好地运用"申请停止计时"的比赛规则，最后，费尽九牛二虎之力，牵牵绊绊跑到终点，用时却远多于我们班。

这是信任学生干部，放手让他们组织竞赛活动的成功案例。这届运动会，我们班的团体总分全校第一，并拿到了所有团体项目的第一名。运动会结束后，体育委员陈小楠的人气空前高涨。

经过长期努力，多数班干部都具备了独立组织活动的能力，具备了偶发事件的应急处置能力。

二、当众赞美班干部

运动会结束后，我授意召开了班内总结会。会上，陈小楠对每个比赛项目都进行了表扬性点评。然后，我作总结发言，对所有运动员的精彩表现给予高度评价，对每个班干部予以表扬，尤其是对体育委员陈小楠，我毫不吝啬地给予了很多赞誉之词："我是越来越欣赏体育委员了，刚进我们班时，他只是一名体育特长生,但是现在,他已经能够出色地组织运动会这样的大型活动了。我相信,我们班所有的班干部都能和他一样,组织能力和活动能力越来越强。"

当然,在这次运动会上,陈小楠的表现并非没有缺点。篮球比赛时,他组织啦啦队为本班运动员加油,和对方的啦啦队员发生口角,险些酿成打斗事件。而起因是,他看着对手比分远超我们时,心急如焚,在对方出现犯规动作时,破口大骂。针对这个错误,我私底下狠狠地批评了他,直到他为自己的错误痛哭流涕,悔恨交加。后来听说他私底下和同学谈及此事时多次反省自己的错误,并主动向对方班级的体育委员赔礼道歉。

逐渐地,陈小楠的能力越来越强,班级威望越来越高。甚至,所有家长都认为:周老师特别偏爱班干部。

我一直认为,培养学生的管理能力、组织能力、活动能力,就是培养精英素质、领袖气质。现在的学生大多是独生子女,家长虽然望子成龙,望女成凤,但往往舍不得放手,学生的担当精神、主动意识非常欠缺。作为班主任,要把组织能力、活动能力的培养放在更加重要的位置,要和学习能力的培养等同视之。

锦囊 13　给组长做助手

【应用时机】

成立班级小组之后。

【用法解析】

为充分发挥组长的带头作用,班主任必须推着组长往前走。要教组长有为有位,严格执行小组规则;要给组长出谋划策,做组长的坚强后盾。

【实战案例】

推着组长往前走

在我班上,组长是全班竞选产生的。选出组长后,再根据组长的意愿和特长,将其任命为班委会成员。也就是说,所有组长,均须兼任班干部。

应该说,他们的素质是得到了全班同学认可的,但是,成绩好、人缘好、人品好,不一定能成为合格的组长。为了建设一支合格的组长队伍,我给组长做助手,帮他们想法子、出点子,推着他们不断前行、不断进步。

一、警示组长,以宽容之心待人

对于多数组长而言,严以律己容易做到,宽以待人却有难度。

小爱同学成绩非常优秀,经常排名年级第一。在组长的岗位上,她对别人的异常表现总是恨铁不成钢。对不交作业的人常常长叹一声:"唉,你怎么又——"常咬着牙对违纪的同学说:"你啊你,叫我怎么说你啊!你都为我们组扣了多少分了!"结果导致组员对她敬而远之。

得知情况后,我和她促膝谈心,告诉她,组长不仅要严以律己,还要宽以待人,把组员的进步当成最大的成功。并针对她"恨铁不成钢"的情绪,设计了两种制止别人错误的方法:一是用眼神提醒,二是用轻微的拍打动作提醒。渐渐地,她成了组员心中的好组长。

她总是把小组规则贴在课桌上。同学有违纪行为时,她用眼神示意。示意无效时,用手拉一下,并用手指一下贴在课桌上的小组规则。上课时,同桌看到窗外的鸟,拉她同看,她扭头看着同桌,却并不看鸟,很快,同桌就意识到了自己的错误。

到后来,同学们如此评论她:她总是用柔和的方式制止组员的不当言行,总是以朋友的善意促进同学的进步,总是用良好的表现去影响别人。

二、鼓励组长,理直气壮地管事儿

小哲所在的小组整体情况是最好的,组员都有上进心,学习成绩都比较好，没有特别调皮的刺头儿。但刚开始，小哲的心态出了偏差：他总想着让组员一团和气，组员有错也不扣组员的分，他担心扣分会影响小组的总得分。

我们班上，组员的得分累加起来便是小组得分，组员扣分主要由组长、班委会成员、班主任和任课老师执行。

晨晨上课开小差被老师点名扣分。晨晨不服气，他说，组内经常有上课开小差现象，组长都没有扣分，这次扣他的分不公平。

渐渐地，小哲同学的威信没有以前那么高了，组员状态也越来越差。11月份，该组的得分全班最低，最有实力的组变成了最没有实力的组。

针对这一情况，我亲自组织小组会议，让大家总结教训。同学们说，关键是组长原则性不强。组长小哲感到委屈，他说："我这样做，不也是为了小组能得高分吗？"

"同学们，你们还支持小哲吗？"我问道。大家纷纷表示支持。

于是我抓住时机，进行了一番引导：小哲啊，组员得高分不是目的，小组得高分也不是目的，大家都有进步才是我们的追求。今后，你要理直气壮地管，该批评的批评，该表扬的表扬，一视同仁。你不断地扣分，班委和老师扣你们组的分的机会才会减少；你不扣分，别人扣你们组的分的机会就多。到最后，不仅得分很低，还导致大家都在退步。

此后，小哲像变了个人似的，细致、大胆，管起事儿来非常果断。很快，该组又成了12个小组中的佼佼者。

三、引导组长，变简单制止为期待性帮扶

对爱出风头又不能为小组争光的同学，多数小组长的做法是简单制止，但这种制止的效果很不理想。

第三小组的晓杰同学非常有潜力，但好出风头：上课时，他举手很积极，可当老师喊他起来回答问题时，他常常答非所问；同学们去打篮球，他总是一马当先，可到了场上，他却连球都接不住……

组长小旸颇为伤神，多次制止无效后，他选择了简单而错误的管理方

式:运动会报名时,小旸劈头盖脸给他浇了一身冰水,冷冷地说:"晓杰,又不能为小组争光,报个名,出个风头有意思吗!"

晓杰深受打击,伤心地对我说:"老师,我是真的想为小组争光,可是他竟这样说我……"

"老师非常欣赏你的热情与荣誉感!"我劝导晓杰说。

然后我找来了组长小旸,他说:"晓杰虽然积极参与,但却不能为小组争光,也剥夺了别人创造佳绩的机会,我不得不果断阻止。"

"这样做,能促进晓杰进步吗?不仅不能,还打击了他的积极性。"我说,"我给你出个主意:你和晓杰好好谈谈,看看他最想在哪个方面为组争光,帮助他确定努力方向,跟踪帮扶,鼓励他不断努力,提升实力。"

经过交流,小旸确定了晓杰的重点努力方向:在认真听讲的基础上踊跃发言;利用课余时间加强 200 米短跑训练。

此后,小旸主动与晓杰同桌,监督晓杰的听课过程,保证他认真听讲。晨练时,两人一起跑步,提高运动水平。渐渐地,晓杰的课堂发言大有起色,短跑水平越来越好,经常得到老师的肯定和表扬,真的能为小组争光了。

四、授权组长,委组员以重任

有些同学自觉性不强,自制力较差,组长多次提醒仍不改正。对这样的同学,我让组长委以重任,让他负责某一具体事务,培养他的荣誉感和责任感。

第七组的小华同学,好奇心特别强。课余时间、自习时间到处跑、到处蹿:某同学进教室回座位后,他会迅速跑到那位同学的座位前说:"×××,你刚才到哪儿去了?……"某同学被老师请去,回教室后,他准会跑上去问一句:"×××,老师跟你说什么事儿了?……"自习时,教室里一有讲话声,他便蹿过去问:"你们在讲什么,和我说一下……""什么好玩的事儿,跟我讲讲……"这些表现,是对教室秩序的一种干扰。

但是,他也非常有爱心。有同学感冒了,他会跑过去关心:"要不要紧?我陪你去医务室……"有同学脚崴了,他会主动跑上去帮助:"我扶你吧……"有同学因病未来学校，他会主动给他把作业题抄下来。

对于他到处乱窜的毛病，组长很是头疼，虽多次提醒他，却效果甚微。

我把组长请来，就小华同学的帮扶问题进行商讨，组长说："老师，我真的黔驴技穷了，您给我出出主意吧。"

"他不是那种特别调皮的学生，什么都关心，什么都要问一问，尤其是，他还很有爱心，我给你授权，你可以任命他担任小组某一具体事务的负责人，既满足他的荣誉感，也培养他的责任感，锻炼他的能力。比如，让他负责小组的卫生督查，哪个同学座位下有垃圾，立马提醒同学……"

在我的启发下，组长李星儿真的对小华委以重任，让他担任小组卫生督查员。而小华，竟然干得有声有色：一进教室，就查看本组成员的卫生，一旦发现哪位同学座位下有垃圾，一定要等同学清除垃圾后才罢休。渐渐地，第七组的卫生成了全班最好的。小华甚至还"多管闲事"地管起了其他小组的卫生，而且，几乎所有被他提醒过的同学都能及时整改，这是我始料未及的。

一天，组长李星儿对我说："老师，小华的进步太大了，他在管理小组卫生时，到处乱窜的问题也大有改观。今天找您，是想推荐他担任我们班的卫生委员，我想，他一定比现任卫生委员干得好！"

小华的表现我也看在眼里，我对李星儿说："我也正有此意，这都是你的功劳！你为我们班培养了一名优秀的卫生委员！"

五、提醒组长，把老师当成救星

负责任的组长往往会在工作中遇到下不了台的事儿。因此，我经常提醒组长：在小组管理中遇到难题，要主动向老师求助，把老师当成本小组的救火队员。

第八组的小贤同学常常拖交作业，组长陈华很是着急。有一次，小贤同学又没有做英语作业，课外活动时，组长决心督促他完成作业，并当众要求："晚自习前，你必须交英语作业。"

晚自习前10分钟，组长发现他的英语作业还是一字未写，异常恼怒，大声吼道："10分钟就可以完成的作业，为什么不做？我把你的课桌搬到教室外面去！"说着，便要搬小贤的课桌。小贤极不情愿，据理力争。但最后，小贤的课桌还是被搬到了走廊里。可小贤并不服气，在走廊里大吵："凭什么，你们都在教室里，让我一个人在走廊里上晚自习！"此情此景，组长真的下不来台了。

正在大伙为此焦急、议论纷纷之时，组长快步走出教室——找英语老师去了。

"陈华同学啊，我太欣赏你了，要是所有组长、班干部都像你这样负责，我们班的英语成绩一定是全年级最优秀的！……但把同学赶出教室是不应该的，就连我们老师，都没有这个权力。……你能为你的错误行为去向小贤道歉吗？"英语老师的话犹如醍醐灌顶，让陈华同学如梦初醒。

他赶忙跑回走廊，诚恳地对小贤说："对不起，我不该把你赶出教室，请你原谅。若是你不原谅我，你可以向周老师申请调离我们小组。"

小贤先是一愣，继而反应过来："不，不，是我有错在先，还希望你继续帮助我，继续管我。还有，作业我明天一定交给你。"

"那就进教室吧，我来搬课桌。"英语老师也来到了走廊，对两人说。

把老师当救星，及时向老师求助，避免矛盾激化，这是组长的管理智慧，也是班主任的管理智慧。

六、协助组长，交流成功案例

我要求班长（班长兼任第一小组的组长）每月组织一次组长会议，交流小组管理中的成功案例。

以下是11月份组长会议的部分内容：

第二组组长小荟交流的案例是：我们组的段成，性格内向，不爱说话。为了让他更有激情，乐于参加小组活动，我常和他在一起玩，散步、打乒乓球总是约上他。学习中，他遇到难题时，我总是和他一起讨论。渐渐地，他和我变得亲热起来。现在，他有牢骚愿意向我诉说了，有苦处愿意向我倾诉了。而且，他参与班级活动和小组活动的积极性也大大提高。

这是情感交流带来的管理效果。

第五组组长龙小飞交流的案例是：我们组的程小林数学成绩差，有些惧怕数学老师。为了帮助他，他的作业一做完，我便拉着他去找老师，请老师给他当面批改作业。渐渐地，他的数学疑问越来越少，数学成绩大幅提高。取得进步后，他开始帮扶组内其他同学。小组总结会上，我重点表扬了他，并给予他奖励性加分。

这是无私帮扶、耐心关注取得的管理效果。

第九组组长李小晗交流的案例是：一天，三个高年级的同学来到教室里要打我们组的朱天翔同学，想必大家对这件事还有印象。我弄清他们的来意后，大声向全班同学示警："同学们，这几个高年级的同学要打朱天翔同学，我们答不答应？"很快，他们就被全班同学轰走了。

事后，我要求朱天翔向周老师说明情况，可是他不仅不愿意，还苦苦地央求我别把这事儿告诉老师。最后，我答应他不告诉老师，但他必须在我的陪同下去给家长打电话，把这事儿报告给家长。因为我想，家长得知此事后，一定会跟老师联系的。再说，尽管我答应不告诉老师，全班同学都知道的事儿，老师会不知道？果然，不仅家长参与了事件的处理，周老师也参与了问题的善后，最终，矛盾双方握手言和。

让同学主动向家长报告，这是突发事件的处理智慧。

……

通过上述交流，组长们相互分享，相互启迪，丰富了工作体验，积累了管理智慧，提高了管理水平，逐步成长为小组建设的灵魂人物。

锦囊 14　请尊重值日生

【应用时机】

同学求助值日生时，因求助方式不当而与值日生发生矛盾。

【用法解析】

值日生代表班级意志,要尊重值日生,服从管理;向值日生求助时,要有起码的礼貌,别太随意;向值日生表达诉求时,要准确表达自己的意图,理清思路。

【实战案例】

别拿值日生不当干部

课外活动时,值日生王涵一脸委屈地来找我,向我倾诉:"周老师,瑶瑶午休时无理取闹,和我大吵大闹。今天该我值日,我边维护课堂秩序,边在讲台上做作业。突然,瑶瑶扔过来一个草稿本,将我的笔撞掉,墨水洒在了我的作业本上。我忍不住说了一句:'啊!好脏!有毛病吧!'她竟然倒打一耙,说我瞧不起人……最后在其他同学的劝导之下,才安静下来。"

很快,瑶瑶被我请到了办公室,没想到,她也委屈不已。她说:"中午做作业时,我在草稿本上做了一个题目,想请王涵帮我看看,可他竟把我的草稿本扔到地上,还说我'好脏',这不是瞧不起人吗!"

"可是,你把草稿本扔给我时,并没有要我帮助你,而且还把我的本子搞脏了!"王涵略露惊讶,解释道。

此时,我已明白了事件的前因后果,也理解了王涵的不快,可是,瑶瑶却依然一脸不满。

正在这时,小龙来到办公室向我请教:"老师,我的作文已按您的要求修改了,您再帮我看看。"

我灵机一动,转而对瑶瑶说:"你听明白小龙的话了吗?他刚才说什么?"

瑶瑶稍作思考,然后说:"他是向您请教作文。"

"那么,你向王涵请教时是怎么做的呢?今天他值日,他坐在讲台上,你向他请教时,将草稿本扔给他,把他的笔撞掉,墨水洒在他的作业本上,此情此景,他完全没有意识到你是在向他请教,反而认为你是在违反纪律,是在向值日生挑衅。甚至,教室里的其他同学也认为你是在挑衅值日生。"

说到这里,我突然想起有部电影叫《别拿自己不当干部》,继续说道:"拿值日生不当干部,不尊重值日生,导致王涵不明白你要干什么,误解了你,这是你的过错之一。向别人请教而没有起码的礼貌,这是你的过错之二。有事求别人却没有完整而详细地表达自己的意图,这是你的过错之三。有这三错在先,别人怎能不误解你?"

"老师,我明白了,以后,我会注意的。"瑶瑶诚恳地说。

"随性而为,是关键症结。那么,怎样才能解决这一问题呢?"我边说边用期待的眼神看着她。

"我……我……"瑶瑶不好意思地支支吾吾。

我趁热打铁,继续引导他:"克服随意性的关键,是要尊重值日生,尊重班干部。表达某种思想时,要想清楚后再说,要思虑周全后再做,切不可随意为之……"

"老师,谢谢您!"瑶瑶离开办公室时,向我深深地鞠了一躬。

第三节　优化小组建设

锦囊15　改变小组形态

【应用时机】

教室秩序差，小组凝聚力欠佳。

【用法解析】

根据实际情况，适时改变小组形态，优化竞争机制，创建最优小组，争做最佳组员，打造小组建设的新常态，促进班级管理再上新台阶。

【实战案例】

凸显小组控制力

"老师，有同学趁我出教室之机，从我桌上把别人交上来的作业拿去抄。"第三组的数学小组长晓晨向我反映，"我好心好意提醒他，他竟劝我别这么认真，还说我要是告诉老师，就和我一刀两断，分道扬镳。周老师啊，您还不管的话，这抄作业之风可就愈演愈烈了。"

……

种种迹象表明，凸显小组控制力已迫在眉睫。

我决定从改变小组形态入手，增强班级活力，提高团队凝聚力，改善学生的精神风貌。

原先的小组状态是：全班70人八纵条，每纵条为一小组，每两纵条靠在一起组成一个大组，八个小组共48个学科小组长，每组语、数、外、物、化、政史六个组长散坐于教室各处。学生交作业、组长收作业时，教室里川流不息，秩序杂乱，拖交作业、抄袭作业的现象屡禁不止。

为改变现状，我把全班同学分为九纵条，每三纵条靠在一起，形成三个大方阵，每个方阵前后两排六人或五人为一小组，全班共12个小组。小组成员全部挨在一起，交作业伸伸手就行，再不用跑前跑后、穿来穿去了。

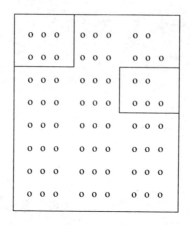

12个组长均以竞选方式产生。组长产生后，以组长为核心，采取自由组合的方式确定小组成员，每六人或五人为一组。然后，组长根据本组的具体情况将成员分别任命为语、数、外、物、化、政史学科小组长，也可一人兼任多个学科小组长。

形成新的小组形态之后，我采取了下列措施，打造小组建设的新常态。

一、争创最优小组

创建思路：建立小组竞争性评价机制。

1.采取一荣俱荣、一损俱损的评价措施，一人有错，小组受罚。每组每两周赋分100分，凡迟到、不交作业、上课不听讲、违纪等，每人次扣小组一分，由值日生、任课老师负责扣分，每两周进行小组排名，排名第一、二的小组可以自选座位，其他小组则前后左右逐次轮换。

2.各小组每两周一小结：组长小结本组的表现，提出争创最优小组的新措施；组员反思自己的不足，提出下周努力的方向。

二、争做最佳组员

基本思路：建立组内竞争机制。

所有组员每两周赋分100分，对上课认真听讲、积极发言、劳动效果好、遵守纪律、寝室卫生和公共卫生做得好、考试成绩优秀等良好表现，给予每人次1分的加分；对违反校规校纪、不交作业、不爱劳动等不良表现，给予每人次1分的扣分。每两周一排名，对排名结果不进行任何奖惩，仅希望产生一定的激励作用。排名第一者为最佳组员。

按照我的要求，各小组纷纷行动起来，在充分讨论的基础上，制定了小组内部管理机制。如第二组同学的组内管理规定是：

1. 要高质量地完成作业，不抄作业，不拖交作业。
2. 上课不讲闲话，看见组内同学讲话，友情提醒。
3. 保证足够的睡眠，上课不打瞌睡。
4. 课余时间别无所事事。
5. 既善于倾听他人的意见，又能独立思考，有自己的见解。
6. 组员各自负责座位周围的清洁卫生，任何地方都不要乱扔垃圾。

……

各小组对组内排名滞后者的处理措施五花八门，有请大家吃零食的，有选做一件服务性事情的，有购买一本中学生杂志让大家共读的……比如第二组规定：每两周累计得分排在最后的同学买不少于3元的零食，在小组小结会上给大家分享。第二周小结时，该组的小海同学排名最后。之后，我和他聊天，他说："这两周，我的学习、生活都很紧凑。虽排在最后，但和其他五位同学差距并不大。花钱给大家买零食吃，大家都很高兴，家长也没反对。以后，我将满怀信心地投入到学习和生活中去，一定能取得更大的进步，我们组一定会成为全班最优小组。"

三、树立正确的竞争意识

小组建设的初始阶段,我利用班主任讲评时间和班会课时间,反复向学生宣讲:为自己小组争得高分,争得荣誉固然重要,但本人的进步、小组的进步则更为重要。组长也好,组员也好,要用真实的行动为组争光,要用实实在在的进步为组争光,切勿为求加分而弄虚作假,故意作秀。

渐渐地,我班的小组建设步入了正轨,形成了小组建设的新常态。

锦囊16 人人得到认同

【应用时机】

七年级新生入学不久。

【用法解析】

撰写组员寄语,赞美同学优点,期待百尺竿头更进一步。组员自我推介,人人精心准备,个个精彩展示。使全班同学自信满满,神采奕奕。

【实战案例】

让自信发酵

七年级新生开学后不久,在完成学生分组、任命临时小组长、组建临时班委会后,为点燃学生的校园生活热情,我实施了"让人人得到认同"的管理措施,开展了题为"自我推介,组员寄语"的微型班会。

班会课过程如下:

第一个环节:组内"自我推介"活动。

以小组为单位,由小组长主持,先写出书面发言稿,再依次详细推介自己的优点和长处。

12个组，同时12个人发言，教室里好不热闹，站在讲台上，听着大家叽叽喳喳地自我介绍，看着同学们兴奋而充满朝气的面容，我不由自主地走到同学们中间。

"我叫陈娟，毕业于实验小学，毕业考试语数两科分别为95分、98分，我打小就练习弹钢琴，现在已考过了业余十级，希望我们能成为好朋友。"

"我叫桑小龙，学习成绩不怎么样，也没有培养什么特长，但是，我天生力气大，小学时，我投铅球得了全市第七名。"

……

自我介绍时，大家很兴奋，渴望被同学认识，和同学成为新朋友，纷纷亮出自己的最大底牌，讲起来声情并茂，眉飞色舞。

第二个环节：互写"组员寄语"。

这个环节有两个步骤：第一步，撰写组员寄语。要求组员以书面形式，用30字左右的篇幅至少为本组三名成员撰写"组员寄语"。寄语内容是：认可别人的长处，期待同学百尺竿头更进一步。组长起协调作用，确保人人都能收到三份"组员寄语"。第二步，收取并仔细阅读"组员寄语"。

陈晨同学是一个性格外向、好动、好讲话、时不时受老师和同学批评的孩子，经常耷拉着脑袋，给人一种"又受批评了"的感觉。这是开学初他留给我的印象。在小组自我推介会上，他展示了朗诵特长，朗诵了一首绝句，得到了组员的充分肯定，收到了这样三份"组员寄语"——"你的朗诵让我刮目相看，一定要教教我哟！""好动而不干扰别人，它就会成为你的优点，加油！""我看好你哟！大家共同进步吧！"

此后，陈晨逐渐改掉了好动、好讲话的毛病。

第三个环节：快来认识我。

从收到的三份"组员寄语"中选取最满意的一则，工整地书写在事先准备好的贴有自己2寸彩照的便笺贴上，分组张贴在"快来认识我"的板报栏内。

10分钟的微型班会很快就接近尾声了。最后，我作了如下小结：

同学们，今天大家给我的印象非常好，我们每一组都人才济济，每个人都很优秀。由此，我想，虽然我们学校没有设立重点班，但是根据大家的情况，我们是事实上的重点班。所以，大家对未来三年的初中生活应该有充分的自信。有句名言说得好：自信有多强，能力就有多强。那么，从现在开始，让你的自信开始发酵吧，你一定能创造奇迹，一定能打造出独特的风采。

锦囊17　培育小组精神

【应用时机】

小组自由组合之后，呈现一派"病态的和谐"。

【用法解析】

给小组起名字，给自己写座右铭。然后围绕组名和座右铭，举办励志朗诵会、读书交流会，主办手抄报、黑板报，展示小组风采，培育小组精神。

【实战案例】

给小组命名

小组精神，是集中体现小组风貌的精神追求。有了共同的精神追求，小组成员才能团结互助，进取创新。

于我而言，培育小组精神，并非主动而为，而是被动出击。

在经历了小组自由组合的新鲜劲儿后，大家的自我约束力稍有退步，组长纷纷向我求援：

"老师，有同学考试时扔纸条作弊。下课后，我严肃批评，并按小组规则扣分，他却说：'你扣分，表面上是扣我个人的分，实际上是扣咱们小组的分。求求你，别扣分好不好？'老师，我很矛盾。"第三组的数学小组长晓晨向我反映。

"周老师，我们班和四班篮球比赛时，有20多名同学没有到现场为本班篮球队呐喊助威，他们有的在教室里玩，有的到校园超市买零食去了。让组长找他们回来，有12名同学回到了运动场，其他同学根本就不听组长的召唤。"秋季球类运动会时，班长刘伟同学向我反映。

……

种种迹象表明，我班的小组建设进入了倦怠期，表现出的问题有：

1. 部分小组呈现出一种"病态的和谐"，你有了错我不批评你，我有了错你也不批评我，大家睁一只眼闭一只眼。

2. 个别小组一盘散沙，没有凝聚力，只有第五组、第九组风清气正，表现抢眼。

3. 个别学科小组长不能以身作则，完不成作业，不能承担收发作业的任务。

我想，我必须着力凸显对小组建设的控制力，增强小组竞争活力，提高小组凝聚力。

为形成小组精神，使所有组员心往一处想，劲往一处使，拧成一股绳，我倡导大家在充分酝酿、讨论的基础上，给本小组命名，要求名字体现三个特征：励志、雅致、有文化内涵；同时要求各小组成员围绕小组名字的内涵，写一句勉励自己的话，作为座右铭。

通过三天的酝酿和讨论，各小组都有了自己的名字，所有同学都有了自己的座右铭，如：

第二组的组名为"破晓"，意为乘着第一缕曙光出发，努力拼搏，突破自我。该组六名成员的座右铭是：胡洺晗——不怕万千困难阻挡，只怕自己投降；刘婧媗——只要努力，前方就有希望；邓子悦——逆风的地方，才能练就腾飞的翅膀；吴晓艳——有困难时，要对自己说，我不放弃；施谢帝——能善用时间的人，才能把握自己的方向；潘海涛——驱散心中的阴霾，迎来崭新的开始。

第六组的组名为"奔跑者"，意为我们是奔跑者，没有跑不到的终点。

六位组员的座右铭是：陈天楠——只要不断努力，总会一直向前；刘明杰——朝着梦的方向，勇敢地飞翔；曾紫芸——只有奔跑，才能一直向前；李梦伊——努力攀登，永不止步；李耀周——我一直在奔跑，我一定会创造奇迹；王昊月——奔跑的风，会带动希望的风车。

那个双休日，我布置了一项特别的作业：以"组名"为线索，以"励志"为主题，结合自己的座右铭，办一期手抄报。而且，手抄报中必须有这样一个栏目：对自己的学习现状、纪律现状、参与班级活动现状等进行分析，为自己的现状定位，规划今后的学习，畅想未来的人生。

学生双休返校后，纷纷交来了符合要求的手抄报，我在教室左边、右边、后边墙上划出了12块专栏，分组展出全班同学的手抄报。

接下来，我把黑板报的主办权下放到了各个小组，12个小组轮流主办，每周一期。要求各组利用黑板报，结合组员的表现，宣扬小组精神，展示组员的进步。

围绕为小组命名开展的相关活动，使学生从组员自由组合的热闹中冷静了下来，他们不仅思考着自己的现状，优化着自己的言行，也在规划自己的未来。

渐渐地，小组精神培育起来了，小组活力增强了，各小组成员逐渐凝聚成团，形成了集体合力。

锦囊18 创新小组评价

【应用时机】

班级量化管理中，有的小组和个人缺少加分项。

【用法解析】

小组评价也好，个人评价也好，不能只看考试成绩，要把家庭中的孝亲敬老、社会中的善良正义等都纳为加分项目。

【实战案例】

三项鼓励性加分规则

量化管理，是我的特色管理措施，操作起来特别容易：根据班级规则，以小组为单位实施加分、扣分。组长、班委、老师是加分、扣分的执行人。每月汇总，期中期末总结评比。

一段时间后，我发现有些小组的加分机会明显弱于其他小组，原因是他们在某些重要的加分项中缺少竞争力。比如，每次考试后，我都要给成绩优异者加分，但成绩优秀者在各小组的分布并不一致，甚至个别小组的成员均为成绩欠佳者，这样的小组可能永远没有此项加分。

为此，我在小组评价中增加了鼓励性评价内容，具体包括：

一、为学习进步者加分

在成绩评价上，增加"为学习进步者加分"项目。具体细则是：在学科素质检测中，单科每进步5分者加1分，总分每进步10分加1分。如此一来，无论学习成绩好坏，都有加分的可能。

在纪律评价上，增加"为纪律进步者加分"项目。原来纪律表现差者进步明显，由组长为其提出加分申请，经全班同学举手表决，予以鼓励性加分。

二、为良好的校外表现加分

此措施源于一件真实的事：

2015年4月的一天，我接到高中同学打来的电话，他老婆上早班途中被一辆摩托车撞倒了，一个男孩子将其扶至路边，边陪护边打110、120，直到他老婆被 120 送去医院才离开。据 120 医生回忆，那男生穿着外国语学校的校服。老同学故而向我打听，希望当面表达感谢。

结果发现，此事竟是我班上的小徐同学所为。"老师，这件事是我做的。"小徐同学站起来，身体前倾，高举着手，迫不及待地说。

"被你救助的人是我高中同学的妻子，他委托我调查做好事的人，他要到学校当面感谢，我真为你感到高兴！此时此刻，你的感受是什么？"我感受到了他的兴奋与激动，追问道。

"我骄傲！我骄傲！我骄傲！"小徐同学模仿小品演员孙涛的口吻，连说三遍。言辞之间，洋溢着无限的自豪。

……

受此次事件的影响，我决定定期组织学生以"我骄傲，我自豪"为主题，讲述自己做过的最为得意的事，让同学们明白：欣赏别人固然必要，欣赏自己更加难能可贵。鼓励学生多做好事，弘扬社会正能量，提升自信心，增强软实力，并在小组评价上给予鼓励加分，每次 1 分。

三、为良好的家庭表现加分

为了让小组评价促进学生的全面进步，也为了给学生更多的加分机会，我将学生的家庭表现也纳入小组评价。

操作方法是：凡在家访中得知学生行孝懂礼、勤做家务、与家人和谐相处者，都予以加分。此项加分由我和任课老师负责执行。

评价内容的增加，改变了组员的竞争态势，也改变了小组的竞争态势。改变了原来只重视文化课学习，不重视文明素养、传统美德的畸形竞争格局，让成绩差者也有加分机会，他们的得分甚至有可能超越学习成绩优异者，这种情况反过来又会影响文化课的学习，孩子们的学习劲头比以前更足了。

大家在增强竞争硬实力（学习成绩）的同时，也在努力提高自己的软实力（文明素养），小组竞争活力逐渐改善，小组竞争实力逐渐增强。

锦囊 19　推介组内明星

【应用时机】

少数同学的个人减分项越来越多。

【用法解析】

为后进生寻找亮点,并将其作为组内明星,在全班推介。推介词由组长撰写,当众宣读,激发后进生的校园生活热情。

【实战案例】

推介曹一实同学

八年级的量化管理出现了一个突出现象,少数后进生的得分越来越低,自信心越来越不足,校园生活状态越来越让人担心。为了改变这种状况,不断增强学生的自信心,我创新思路,采取了"推介组内明星"的做法,具体措施是:

1. 利用班级讲评时间(18:50—19:10),轮流推介组内每名同学,每天安排两个组各推介一名组内明星。

2. 组员共同商定推介内容,组长负责宣读推介词。

3. 每天推介结束后,班主任针对推介内容进行讲评。

这样,每周可以推介 10 名同学,全班 70 名同学七周即可推介一轮。每学期至少可以推介两轮。

组内明星推介最为显著的效果是,那些成绩欠佳、表现不那么优秀的同学也有机会在全班露脸,得到实事求是的表扬。

曹一实是我朋友的儿子,是中途转进来的。他的成绩不大好,甚至可以用一塌糊涂来形容，但家长却有不切实际的要求——必须考取省重点高中。除了成绩差，他还有如下问题：

1. 自卑。在父母和老师面前，总是低着头，长辈说话时常常表情木然地点头，至于别人说了什么，他可能并没有听进去。公开场合交流时，总是吞吞吐吐。

2. 装样儿。上课时，明明没有听讲，可他一定会装出正在听讲的样儿；读书时，明明没读，可他一定会装出读书的样儿，并时不时"高明"地瞟老师一眼，看老师是不是在看他；做家庭作业时，明明在用手机上网，可他一定会巧妙地防着父母，给家长"我正在学习"的错觉。

3. 当面一套，背后一套。在家长眼中，他虽然成绩差，但很听话，很遵守纪律。在老师面前，他也表现出一副乖巧样儿，然而背着老师，他是问题学生的"军师"，常给别人出馊点子，指使别人干坏事，可一旦你查起来，又没他什么事儿。

一段时间以来，学校发生的打架事件、"擂肥"事件、校外人员进校殴打我校学生事件等，似乎都有他的影子，又似乎与他无关。这样的学生，要把他作为小组明星向全班推介，难度可想而知，但我相信，他不会没有优点。

一次家访中，我了解到他的双休生活：

1. 星期五下午、晚上必须做完家庭作业。

2. 星期六、星期日上午到家长的店铺里帮忙打点生意，下午自由玩耍。帮家长打点生意，对其他同学来说是不可想象的。

3. 经常代表家长出席亲友的红白喜事。

4. 常一个人在家照顾爷爷奶奶。

我把这些信息透露给组长，建议组长以此为题材，重点推介。果然，他赢得了全班同学真诚的掌声。

被推介使他头一回感受到了来自班集体的温暖和幸福，他认识到自己并非一无是处，校园生活更有激情了。课堂上，他认真听讲，积极思考；运动会上，他努力拼搏，勇创佳绩；他还报名参加了集体舞训练，参加了班级励志朗诵比赛……渐渐地，他的自卑心态明显好转。初中毕业时，顺利考取了普通高中。

组内明星推介，最大限度地激发了争先创优的激情，改善了学生的校园生活状态，确保了每名学生都能自信满满地投入学习之中，融入活动之中。

锦囊 20　创新运行机制

【应用时机】

有人对小组的管理措施不满。

【用法解析】

在不改变小组形态的前提下，班主任邀请各小组的后进生组成"组外组"，其个人量化得分不再计入原小组总分。各小组组员均可申请到其他小组去交流，其个人量化得分仍计入原小组总分。

【实战案例】

设置"特别小组"

在小组建设中，有人对组长有意见，不满意小组管理措施；有人对后进生有意见，不满意他们的落后表现。这些不和谐的声音严重影响着班级风气。

为此，我定期召开班委会、学生代表会、部分家长会、任课老师会等，在充分了解情况、征求意见的基础上，创新小组模式，设立"特别小组"，消除了不和谐声音。

一、成立"组外组"

在不改变现有小组建制的前提下，成立一个"组外组"。组员由表现欠佳者组成，他们中的大多数，是各小组的一般组员，也有科代表、班干部。

"组外组"没有实际的小组形态。组员座位不变，依然适用原小组的管理规则。但是，个人表现的量化结果不再计入所在小组的量化总分。

"组外组"成员的产生方式有两种：1.学生自己申请，班主任批准；2.班主任根据实际情况向有关同学发出邀请，受邀者不得拒绝。

"组外组"由班主任亲自担任组长。

"组外组"的小组规则只有一条：每两周召开一次微型汇报会，微型汇报会的主题是"我的进步"。通过学生自己的小结和老师的期待性点评，督促学生不断追求进步。

"组外组"的存在期限为两个半月，即半个学期。时间一到自行解散。随即成立新的"组外组"。

随着时间的推移，"组外组"成员逐渐减少。但是，"组外组"始终存在着，即使一个成员也没有，作为一项制度，它也有存在的必要，我期待着通过这种方式给表现欠佳者一种压力，并把压力转化成追求进步的动力。

二、组员交流制

1.组员交流的目的。

①体验其他小组的管理状态；②学习其他小组的先进做法。

2.参与交流的人员。

①学习状况、纪律状况差强人意的同学，可到其他优秀小组交流，感受优秀小组的管理状况。②对本小组管理有意见的同学，可到别的小组交流，去体验另一小组的集体生活。③有上进心、集体荣誉感强的同学，可到优秀小组交流，去学习别人的好做法、好点子，去体验优秀小组的组员相处之道。

3.交流者的产生方式。

①同学自己申请。这种方式适用于对本小组管理制度持否定态度的同学。②小组讨论决定。这种方式适用于进取心不强、荣誉感不强的同学和以学习先进做法为目的的同学。

4. 交流人员的管理。

①交流人员将课桌凳搬到目标小组并服从其管理。②组员交流以两周为限，期限一到，回归原小组。③为保持或增强交流者的小组荣誉感，交流期间，个人量化结果计入原小组量化总分。

5. 交流反馈。

交流结束后，相关同学回到本组，以书面形式写出交流体验、心得、收获，并在小组交流会上宣读，促进小组生态的不断优化，促进小组建设的可持续发展。

第四节 培育班级正能量

锦囊 21 沉淀人生智慧

【应用时机】

学生不明事理、不懂规矩。

【用法解析】

引导全班同学总结生活经验和教训，选出"精彩"事例，集中交流；请家长撰写智慧寄语，写入黑板报，一日一更新；在班务日志上记录老师的智慧语录，每周一讲评。这三方面的金句，每学期一汇总，编辑成册，发给所有学生，帮助学生了解生活常识，遵守生活规则，积攒人生智慧。

【实战案例】

积攒人生智慧的三条路径

毫不夸张地说，农村中小学生中，少数孩子是缺乏智慧的。我们班上曾发生这样一件小事：

学校集体午餐时，小铭被撞，饭盘子掉在地上，是排在后面的人推搡造成的。站在他后面的有小航、小高、小刘、小袁，我向他们四人了解情况时，小航同学竟愤愤地说："哼，老子不吃了！"然后，气冲冲地离开了餐厅……

因互相推搡撞了别人后，小航表现出的"智慧"，让人感到恐惧。他似乎不明白,小铭被撞,他难辞其咎。

那么,如何才能助力学生智慧成长呢?

一、帮学生沉淀人生智慧

在周记本上添加一项作业:"积累我的人生智慧"。要求是:1.用一句简洁的话概括出生活经验或生活教训。2.在班主任讲评时安排不超过3分钟的时间集中交流。如:借别人的东西要马上归还;别人之所以把东西借给我,不是别人欠我的,而是他有乐于助人的高尚品质。

第一周,全班征集到的"人生智慧"如下:

(一)作业

1.只要坚持,作业总会完成,成绩总会上升。(章龙宇)

2.作业太多了,我要早点起床早些着手。(骆香君)

3.作业做完了,剩余时间可多看几页书。(骆香君)

4.进步不取决于你比别人快多少,而取决于你做得比别人多多少。(杨志江)

5.星期五,英语老师忘记布置家庭作业了,我得将英语书和作业本带回家,自己给自己布置点作业。(向诗喆)

6.就算作业很难,也不要抄同学的,要自己做,独立思考。(陈珂瑜)

……

(二)相处

1.任何人都不欠你的。别人帮你是情分,不帮你是本分。我们要学会感恩那些给予我们关怀与帮助的人。(徐静怡)

2.好朋友在某方面超越你时,你应该高兴而不是嫉妒。(刘祉睿)

3.看见别人心情不好,应该关心一下,但不要老去烦他。(李梦颖)

4.跟同学吵架后,要懂得换位思考。(李梦颖)

5.烦恼时,不要迁怒于他人,那样,别人也会以愤怒待你。(李鑫悦)

6.别人的帮助达不到你的期许时,不要责怪别人。(李鑫悦)

7. 你不小心碰了别人珍爱的东西，不要有恶作剧似的幸灾乐祸。（李鑫悦）

……

二、请家长撰写智慧寄语

"静校管理"，是学校实行的一项学生管理措施。具体做法是：午休时各班邀请一名家长来教室"坐镇"，让教室处于安静状态，保证留在教室里的学生有一个安静的学习环境和休息环境。

借助静校管理这项措施，我向家长提出请求：记录学生表现，给学生提出殷切期望。家长们积极响应。

具体做法是：1. 请求家长认真对待学校组织的静校管理，切实履行职责，确保12:40后，留在教室里的学生安安静静地做作业、休息。2. 设置"803班静校管理情况记录本"，请家长就午休时学生的表现写一点实况记录，若记录中涉及某个具体学生，则参考讲台上的座次表，写清学生姓名。3. 当日静校管理结束时，根据学生的表现，写一句充满期待的智慧寄语。4. 班主任对家长撰写的寄语稍加修饰，使其更加精练简洁。若家长没有撰写寄语，则从家长写的实况记录中引申出一条或几条注意事项，作为家长的智慧寄语。5. 在黑板报上开辟"家长智慧寄语"专栏，由值日生负责，每日更新。

随后两周，我们征集到的家长智慧寄语如下：

1. 孩子们，学习要像杨瑾瑜同学一样认真，坐姿要像邓梦琦同学一样端正。（刘未雨家长）

2. 只要足够努力，人人都可成栋梁。（高利家长）

3. 好习惯造就好学生。（吴晓倩家长）

4. 自习，请开启静音模式。（饶玉婷家长）

5. 垃圾袋满了，要及时倒掉。（骆香君家长）

6. 每天进步一点点，就能拉近与优秀者的距离。（罗浩源家长）

7. 不重视语文听写，你的语文素养从何而来？（姚欣怡家长）

8. 课桌上的书本资料要整理好，不能乱七八糟。（吴晓晓家长）

9. 中午做作业不要交头接耳、东张西望，要专心致志。（杜骏洁家长）

三、老师适时撰写"智慧导航"语录

围绕某一点人生智慧开展班主任讲评。具体做法是：

1. 围绕学生的各种表现进行讲评，将要求概括成一句指导学生成长的"导航语"。

2. 在班务日志上开辟"智慧导航"栏目，提醒值日生记下老师教学中出现的"金句"。

3. 周讲评时，班主任针对老师们的"智慧导航"语录进行集中讲评。

随后一周，班务日志记录的"智慧导航"语录如下：

1. 早上上学时，要认真检查，带齐学习资料和学习工具。

2. 升旗时，每个人都要穿校服，以示庄严。

3. 全班同学都有帮扶责任，帮助××同学改正"出口成脏"的毛病。

4. 下课后，要礼让老师先行离开教室，这是礼貌，也是情商。

5. 上课发言，要主动一点，当老师与你互动时，实际上是在给你一个人上课。

6. 安全逃生演练时，"严肃认真"最为关键。

7. 班干部管理自习秩序、收发作业、制止违纪等，其严肃性等同于老师亲临。

上述三条路径积累起来的人生智慧，一周一讲评，一月一小结，一学期一汇总，编辑成册，人手一份。这些措施，不仅促进了生命智慧的健康成长，对留守子女、单亲家庭子女的成长更是意义非凡，别人家长撰写的智慧寄语、别的孩子分享的人生智慧，他们同样受用，一定程度上弥补了亲子教育的不足。

锦囊 22　学会心存感激

【应用时机】

学生不懂得感恩。

【用法解析】

引导学生学会感恩。感恩同学在你需要时的慷慨相助，感恩老师日复一日的默默奉献，感恩家长对班级建设的无私援助。心存感激，你会更有魅力。

【实战案例】

一场激情演讲

班上发生的两件小事引起了我的重视。

一件事是：借了别人的橡皮不还。小东坐在小婷的前面，常常不经小婷同意就"借走"橡皮。开始时，小婷觉得小事一桩，不值得一说。可是，事情的发展往往出乎意料，小东"借走"橡皮后竟理直气壮地不还，小婷一怒之下，掀翻了小东的课桌。最终两人的"官司"打到了我这里。

另一件事是：小茜做作业遇到了四道难题，向小睿求教，作业本发下来之后，她发现小睿教她的有三题是对的，有一题是错的。于是埋怨小睿，说小睿欺骗了她。小睿委屈万分，向我哭诉。

这两件小事包含着一个共同教育主题——受到别人的帮助后不懂得感恩。我稍作准备，在班上作了题为"同学，要心存感激"的主题演讲：

同学们，我们身处一个班级、一个寝室，大家不仅要有和睦相处的意识和行动，更要深刻地认识到，我们之间，谁也不欠谁什么，寻求别人的帮助,要心存感激——

你找同学借橡皮,他不欠你的,为什么要借给你?因为他心地善良。

你找同学借钱,别人不欠你的,为什么要借给你?因为他信任你。

你向同学请教学习上的问题,他不欠你的,为什么要帮助你?因为他心里装着友谊。

你手中拿的东西太多,快要掉下来了,请别人帮你拿一下,别人不欠你的,为什么要帮助你?因为别人有助人为乐的好品质。

你"出口成脏",同学们本可以听而不闻,因为你的行为不端也好,品行败坏也好,和同学没有关系。人家之所以将你的表现写在班务日志上,之所以把你的表现告诉老师,是因为同学品格高尚,希望你有一个美好的未来。

你不交作业,班干部可以不记你的名字,因为你不交作业,于班干部没有任何损失,他记下你的名字,是希望引起老师的重视,引起你自己的重视。

所以,对于借给你橡皮、铅笔、透明胶等物品的同学,你要心存感激,说声谢谢;对于借钱给你,帮你拿东西,给你倒开水的同学,你要心存感激,说声谢谢;对于批评你的缺点,指出你的问题的班干部,你要心存感激,说声谢谢……

对于老师,我们同样要心存感激——

昨天课外活动,数学科代表去请数学老师来教室辅导同学们的数学,何老师毫不犹豫地来了。老师为什么要利用休息时间进教室辅导我们,是他欠我们的吗?当然不是。是因为他对我们的数学成绩心存期待,希望我们有所进步。对此,我们应心存感激。

昨天晚自习以前,英语老师本来已经下班了,已经离开学校。但是她还记挂着我们的学习,委托我给大家更正一道英语题。英语老师欠我们的吗?当然不欠,她之所以下班之后还记挂着我们的学习,是因为她有着强烈的责任心,生怕你们的学习有所疏漏。对此,我们应心存感激。

学校给你纪律处分,是因为怕你会走上邪路,对此,你也应心存感激。

上次运动会筹集班务开支的款项时,我倡议大家以捐出零花钱的方式筹款,并且,我带头捐出了50元钱,请问,作为你们的班主任,我欠大家的吗?不,我是想给大家带个头,激发大家的集体责任感。对此,你们是不是也应该心存感激?

不仅要对同学心存感激,要对老师心存感激,对家长,我们同样要心存感激——

胡正坤同学的家长想方设法为我们大家的凳子装上塑料脚,使之不易发出声响。这是家长欠我们的吗?不是,人家是希望同学们做作业时、午休时安安静静的,没有声响。对此,我们应心存感激。

运动会期间,杨瑾瑜家长无偿提供戴在头上的花环,为我们运动会入场式锦上添花。这位家长欠我们的吗?不欠,人家是希望我们在运动会上有良好的表现。对此,我们不应该心存感激吗?

刘未雨家长外出时发现了一个"对窝子"古时舂米的工具,便给我发来图片,并希望我提醒同学们关注生活中的"古迹"。这,是因为家长欠我们的吗?不是,他是想让我们增长见识。

姚欣怡家长请来摄影师,为我们的朗读比赛全程录像录音,是她欠我们的吗?人家什么也不欠我们,人家是为了让我们留下美好的记忆。

还有很多很多,凡是参与班内"静校管理"的家长,我们都应该心存感激。

同学们,心存感激,你们的人际关系会更加和谐,你们的人格气质会更有魅力,你们的学习成绩会不断进步,你们的未来前途会更加光辉灿烂。

锦囊 23　学会优雅

【应用时机】

校园不文明现象屡禁不止。

【用法解析】

通过充分讨论，制定行为规则，让行动更加优雅；开展最美照片评比活动，规范装束，让形象更加优雅；告别污言秽语，说文明话，让语言更加优雅；增强规则意识，修身养性，让气质更加优雅。

【实战案例】

做一个有品位的人

最近发现，极个别高年级的学生越来越没有学生的样儿了：女生穿着暴露，着透视装；男生外套不拉拉链，不扣扣子，发型怪异。

有同学染上烟瘾，经常溜进厕所吞云吐雾，很是不雅。有同学文明素养差，"出口成脏"，随手乱扔垃圾，出手伤人。

于是，我有意识地引导学生走向优雅，做一个有品位的人。

一、班级议事——让举止更优雅

曾经，小侃同学"迷上了放哨"——上课铃响后，他不是迅速到座位坐好，作好上课准备，而是躲在教室门口，只露出半个脑袋瞄着走廊，一旦发现老师来了，立马缩回脑袋，挥舞着双手对同学们说："周老师来了，快坐好！"

起初，我没把这事放在心上。可渐渐地我发现，几个调皮生上课铃响后，不急于坐回座位，或在教室里游走，或站着聊天，直到"哨兵"发来信号，他们才回座位坐好。

这天，我上完第一节课，借着和某同学说事儿，我未出教室。第二节课预备铃响后，我故意蹲下身子继续和同学悄声地聊。那几个比较调皮的孩子和往常一样，在教室走道里游走、聊天，而小侃照例躲在教室门口，探出半个脑袋注视着教室外，准备随时给教室里的同学发信号。我悄悄地向小侃靠近，并用手示意其他同学坐好、别作声。

我来到小侃身后，轻轻地拍拍他的肩膀："干吗呢，小侃？"

他扭过头来，愣了一下，说："我……我……老师，你什么时候进来的？"

"我根本就没有离开教室。怎么样，没想到吧？"我笑着说。

"老师，我……我回座位去了。"小侃难堪地回到了座位。

"小侃同学，这哨兵你当不了……今后，别再放哨了。也请所有同学想一想，我们应该用什么样的举止来展示我们的形象。"说完，我便走出了教室。

当天班级讲评时间，我给全班同学出了五个思考题，让大家开展班级议事。这五个思考题是：

1. 入座离座时，如何做才优雅？
2. 上下楼梯，遇到老师怎么办？
3. 上课迟到后、上课回答问题时应该怎么做？
4. 大家都在教室里午休，你从外面进来，这时，你要注意什么？
5. 与别人交谈时，怎么做才算优雅？

通过讨论，同学们基本达成共识：

入座时，从座位的左侧入座，女生入座前要先拢裙子再坐；离座时，右脚或双脚向后退半步，再起立。女生切忌：叉开两腿、跷二郎腿、两手夹在大腿之间、掀起裙子露出大腿等。

上下楼梯，遇到老师不要装作看不见，左躲右闪，从墙角溜过去。应行礼、问好、让道。

上课迟到、提出或回答问题、对老师讲述的内容有异议时，要通过"喊报告""举手"等方式，征得老师同意后，才能有下一步行动。切不可大大咧咧，不拘小节。

大家在教室里午休时，你进教室要轻手轻脚，不可惊扰别人。同理，在需要安静的公共场所，也不可高谈阔论。

与人交谈时，要庄重谦逊。态度要大方自然，切忌表情过分夸张，目光游离，挤眉弄眼，频繁眨眼，过分大笑，这些都是有失风度的。课间活动与同学交谈时，身体要保持一定的距离，不能有不雅的肢体动作。要记住，与陌生人交流时,"内向"比"外向"好,含蓄比夸张好。应避免当着他人的面掏鼻孔、揩眼屎、打哈欠、修指甲、剔牙齿、挖耳朵、搔痒。

班级议事结束之后,班长把上述内容整理好后交给我,我对其进行修饰和完善,打印后张贴在教室的公示板上,引导学生不断走向优雅。

二、照片评比——让仪容更加优雅

小佳是高个子女生,身高1.67米,身材较胖,留着长发,喜欢穿特别短的西装短裤、超短裙。她的刘海很长,遮住了眼睛,常从头发缝里看人。

对照中学生日常行为规范,这样的装束是不妥当的。但她很任性,常规说教难以取得理想的教育效果。

于是,利用八年级照会考登记照的时机,我举办了评比登记照活动,借以影响全班同学的仪容仪表,帮助小佳改变不妥当的穿着打扮。

这个活动分四步走:

第一步,全班动员。我向全班同学宣布,结合本次照登记照,开展"我的登记照最美丽"的评比活动。评比内容包括两项:1.照相时的真实装束,50分;2.照片效果,50分。总分100分。

这两条标准一是针对装束的,一是针对照片效果的。

第二步,确定评委。评委由五名学生组成,包括三名班干部、两名普通同学。

第三步,议定评分标准。经过充分讨论,大家制定的标准是:1.装束得体,符合中学生日常行为规范的相关要求,女生不得穿超短裙、超短裤,不得穿透视装、深V型上衣,不得穿颜色太花哨的衣服。男生不能穿奇装异服,不能留怪发,如"推土机发""飞机头""梯田头"等。2.表情自然大方,不能化妆。

第四步,重点帮扶。为了让少数同学取得切实进步,我找来小佳等三名女生,引导她们预设照相装束,并建议:1.头发。以短发为宜,若是长发,须扎马尾辫,露出整个面部。2.服装。不穿高跟鞋,不穿奇装异服。3.化妆。不要涂口红、胭脂、指甲油、画眉毛,禁止身体彩绘,不戴首饰。

照登记照那天早上,我特地关注了小佳的装束,她彻底改变了过去长发遮眼、超短裤加身的装束。

最后,经过评审,小佳的登记照获得了"最美登记照"二等奖。

在活动总结会上,我亲自为小佳等三名同学颁奖,肯定她们的进步。那天,小佳笑得特别灿烂。她说,这是她第一次获奖,这个奖让她懂得了何为美丽,何为优雅。

三、微班会——让语言更优雅

小龙、小洋、小伟、小迪四位同学,常常口无遮拦,骂同学,给别人取绰号。他们彼此也常相互攻击,用恶毒语言谩骂对方。

小洋身体健壮,个头高,胸肌发达。小龙就撺掇小伟一起给小洋取绰号"鸡胸",而且经常在背后喊他。小洋本就性子急,只要一听到小龙等喊他"鸡胸",便立刻回骂。

曾经,小伟因不交作业受到老师批评后,其他三位就组团讥笑他,一副幸灾乐祸的样子。

如果有班干部制止他们、批评他们,他们就会反过来骂班干部:"贱货,不要你们管。"

在全面了解了这几位同学的不文明表现之后,我决定组织一个"告别污言秽语,做优雅文明人"的微型班会活动。

活动过程如下:

第一步,让污言秽语曝光。我让班干部注意收集同学们的污言秽语,然后制作成五张幻灯片:最污秽的词汇——婊子养的;最恶毒的词汇——贱货;最浅薄无知的词汇——鸡胸;最没有教养的词汇——傻B;最粗俗的词汇——你大爷的。每张幻灯片的底色是纯黑色的,文字则是白色的。

安静的教室里,单调的"咔嚓"声,反复播放四遍,激起了大家的强烈反感。

第二步,审判污言秽语。不仅审判这些污言秽语,更评述"出口成脏"的人。当然,批评人时,不能点名,只能用第三人称"他"来代替。

第三步，小组自查。分小组自查自纠，开展批评和自我批评。自查时，一定要态度严肃，绝不能嘻嘻哈哈，不当回事儿。

第四步，全班齐读下列文明用语。师生相遇说"老师好"，求人帮忙之后说"谢谢"，进办公室前喊"报告"，受到表扬说"谢谢"，受到批评说"一定改正"，教师家访说"请喝茶"，遇到同学说"你好"，碰掉东西说"对不起"，踩着同学的脚了说"对不起，伤着没有？"……

第五步，请小龙、小洋、小伟、小迪四位同学发言，谈今天的收获，说今后的打算。

第六步，宣誓。在老师的带领下，全班宣誓：从今天起，我要告别污言秽语，使用文明礼貌用语，净化灵魂，净化环境，让语言更加优雅，让生命更加优雅。

四、遵守规则——让人品更优雅

看完湖北影视频道播放的电视剧《决战长空》后，我在班上发表了一次演讲《遵守规则，让自己更有教养》。

……

日本轰炸机携弹轰炸重庆时，重庆防空司令部在全市拉响警报，相关工作人员在大街小巷指挥老百姓撤到防空洞。然而，在好奇心的驱使下，剧中出现了两个悲壮的场面：一是相当多的市民并不急于向防空洞撤退，而是摩肩接踵地在街上看"稀奇"——人们没见过飞机，更不知道轰炸机是什么样子。结果2000多名平民百姓在第一次轰炸中丧生。二是脆弱而英勇的中国空军升空迎战凶恶的日本轰炸机时，上百万市民聚集在车站、码头、街道，观看中日空军交战的壮烈场面，结果导致4000多名百姓在又一次轰炸中丧生。在这两个场景中，重庆防空司令部工作人员穿梭忙碌、心急火燎的场面和广大市民驻足观看的场景形成鲜明的对比。由此，我想到了我们老生常谈的"规则意识"。重庆大轰炸初期，市民们无视防空规则、防空警报，付出了无比惨重的代价。

时至今日，我们当中依然有人无视规则，如：上课不认真听讲，遭到老师批评；不认真完成作业，被公开点名；抄袭同学作业，被罚写"说明书"；考试弄虚作假，公然舞弊，被记作零分。

还有，晚寝不守规矩，深夜十一点钟还在寝室里高声喧哗，导致整个寝室受到批评；在寝室里违规使用电器，导致线路短路，造成整栋宿舍楼停电；住读生晚寝时翻窗出校，到网吧上网打游戏；就餐时因插队和同学们大打出手；违背学校禁令，利用手机看黄色视频；在厕所抽烟，屡教不改……

结果，学习受到了影响、生活跟不上节奏，被老师批评，被学校处分。可是，我们本不必付出这些代价，只要我们有规则意识就行。

同学们，遵守规则，才算有教养，你的品行才会更加高雅。

锦囊 24　兑现承诺

【应用时机】

学生表态很积极，兑现承诺却很难。

【用法解析】

学生作出承诺之后，老师适时催促，友情提醒，适时帮扶，解疑释惑，助其完成任务，兑现承诺。

【实战案例】

"陪你完成参赛作品"

"周老师，我现在参加'汉字拼写大赛拟题比赛'还来得及吗？"小文急切地问我，眼里满是期待。

"嗯？"我颇为诧异，此事已在班上宣传了一个星期，已有10余人上交了参赛作品，离最后的截止时间只剩4天了，本以为不会再有人参与了，没承想，又来了个参赛选手，作为语文老师，我自然是乐见其成。

小文平时比较活泼，上课发言也很积极，我比较喜欢他。只不过，他完成作业不及时，表态很积极，兑现很艰难。

"可以啊。不过，你必须在4天之内完成，离截止时间只有4天了。"我高兴地说。

"老师，我会在明天把作品交给您。"他自信满满地说。

……

时间很快就到了截止日，上午第三节课后，我来到小文身边，关切地问："小文，你的参赛作品完成了吗？交给我吧。"

……

"我……我……我完成了，但是，想发给您却不知道您的邮箱。"他支支吾吾地说。

"你可以直接通过QQ发离线文件呀。"我提醒他。可是，我马上想到了另一种可能：小文尚未完成参赛作品。说不知我的邮箱，不过是应付之辞。我于是说："小文啊，这是你主动要求参加的，希望你说话算话，兑现自己的承诺哟。"

"嗯嗯，好的！"他低着头，然后怯怯地说，"老师，我去上厕所……"

我知道，我的判断是对的，他的确还没完成。

我想，我必须帮助他兑现自己的承诺——今天之内完成参赛作品。我决定，中午到他家去家访，和他家长一起督促他完成参赛作品。

来到小文的家里，我看见他正在拟写参赛作品，妈妈陪在旁边看书。我赶紧拿出手机，为他们母子拍照，并由衷地赞美道："这张照片好美、好温馨，我要把它展示给全班同学欣赏。照片的名字就叫'陪伴'。"

然后我对家长说明来意："小文说参赛作品即将完成，作为语文老师，我想先睹为快。"边说边拿过小文的作品，发现他已经完成了一半的任务了，但是，若不能有效督促，今天中午怕是完成不了。

"不错不错！接下来，我也在这儿陪着，陪你完成参赛作品。有什么困难，可以随时问我……"

终于，在下午第一节课前，小文完成了参赛作品，我和家长都长吁了一口气。

"小文，祝贺你，你终于兑现了自己的承诺。"我真诚地祝贺小文，"希望你今后无论何时何地都要慎重对待自己的承诺，一旦作出承诺，就必须兑现——一诺值千金呢！"

锦囊 25　培养敬畏之心

【应用时机】

少数学生无所畏惧，肆无忌惮。

【用法解析】

教育的价值，在于培养学生的敬畏之心。我们要教育学生敬畏师长、敬畏知识、敬畏公德、敬畏纪律、敬畏传统文化。

【实战案例】

无所畏惧，三观不正

有一类问题学生：说话随心所欲，行事无所忌惮。虽读完小学，又历经中学，却三观（人生观、世界观、价值观）不正。

案例一　撞倒了老教师

早上刚进办公室，年近花甲的李老师便向我倾诉："昨天下第一节晚自习后，几个九年级的学生在走廊里疯闹，把我重重地撞了一下，我站立不稳，倒在地上……唉！到底是几十岁的人啦，不服老不行啰！可气的是，撞了我的学生连同他的小伙伴却远远地跑开了，他们甚至还躲在远处偷笑呢！"

案例二　学生始终无动于衷

午休时，806班的英语王老师为解决小张同学不交作业的问题，循循善诱，希望学生今后好好学习英语，按时交英语作业。

可是，面对王老师的煞费苦心，学生却一脸的无所谓，丝毫不为所动，始终无动于衷。老师一个多小时的教育，没能换来任何承诺和表态。

案例三　操起扫帚追打老师

下午，709班的小明同学上数学课辱骂老师，乱扔东西，严重干扰课堂秩序，被班主任何老师请进了办公室。

"小明，你为什么不尊敬老师，课堂上公然骂老师，还扔东西？你告诉我，你为什么这么做？"何老师严肃地质问。

小明眉毛一竖，怒目相向，"我就要骂他，谁让他管我的？我不要你们管，你管我，我就打你，打死你！"话音未落，操起身边的扫帚，向何老师打去。接着教学楼走廊里出现了一道"千古奇观"：一名高个子中年男老师在前面跑，一名矮个子学生举着扫帚在后面追赶……

由此，我想到了"敬畏"一词，学生到学校来上学，是要有敬畏之心的，应带着敬畏之心来上学。那么，敬畏之心从何而来呢？

敬畏之心从家长那儿来。家长应教给孩子敬畏之心，要告诉孩子敬畏老师、敬畏纪律、敬畏规矩、敬畏知识。家庭教育中，家长要不断修正学生的航向，决"不原谅"学生的过错。只有"不原谅"，才能培养孩子的敬畏之心；只有不断纠正孩子的过错，才能让孩子敬畏真理。

敬畏之心从老师这儿来。学校教育中，老师不能对孩子的错误视而不见。老师对学生错误的严厉批评，是学生滋生敬畏之心的源泉；老师对学生言行举止的矫正，是滋养学生敬畏之心的甘露。学生不交作业，要让他知道这是错的，并及时改正；学生对老师出言不逊，要让他认识到这是不允许的，必须下不为例……

案例一中撞倒李老师的学生为何如此放肆？案例二中的张同学为何对学习无所谓？案例三中的小明为何如此猖狂？是不是因为爸爸妈妈的纵容？是不是因为婆婆爷爷的视而不见？是不是小学时老师放弃了对他们的教育？

带着敬畏之心上学，学习才能进步。

培养学生的敬畏之心，教育才有价值。

锦囊 26　自我否定的心理转换

【应用时机】

学生犯错后不停地自我埋怨。

【用法解析】

自我埋怨，是一种负面的情绪，应引起高度重视。要引导学生将"自我埋怨"转换成"自我反思"，将负面情绪转化成积极情绪。

【实战案例】

反　转

随着中考的临近，学习成绩稍弱的东东逐渐产生了"我不行"的念头，自卑情绪越来越明显，为此，我因人施教，有的放矢地进行帮扶，成功地将他的"自我否定"转化成了"自我反思"。

按照学校规定，午间时段，教室里必须保持安静，学生或者在教室里做作业，或者在教室里休息。当然，也可以到操场上去玩。

前天，值日生向我反映，13:30 左右，教室里有人讲话，干扰教室秩序。下午课外活动时，我在班上做了一个无记名投票，投票的名目是：前天午休时间，谁干扰了教室里的秩序？

大家把写好的字条交给我后，我便宣布"同学们自由活动"，准备回办公室统计结果。刚要出教室，却发现第二排的东东哭了起来。问他原因，他哽咽着说："一定都写了我的名字，我午休时大声讲话了。"

"那你为什么哭呢？"我想让他说出违规干扰教室秩序后的感受。

"这么多人写我的名字，太丑了……"他继续抽泣着。

东东似乎陷入了没完没了的自我埋怨、自我否定之中。我想，我得帮他把自我埋怨、自我否定变成自我反思。

"东东，不一定大家都写了你的名字呢。就你平时的表现而言，大家对你是认可的，老师对你也是认可的，肯定不会出现大家都投你的票的情况。你要不信，就跟我到办公室来，看看同学们交上来的小纸条。我特许，你可以看其中的五张。"按照惯例，我是不会把这些负面统计情况直接反馈给学生的。

到了办公室，东东怯生生地来到我身边。"你来看吧。"我拿着同学们交上来的纸条，对他说。我们一连看了五张，都不是他的名字。

"你看，我说的没错吧。那么，你能回忆一下你前天中午的表现吗？"

"做完作业，我唱了两句歌。"东东边说边想边摸脑袋，"然后又和同桌讲了一会儿话。"

"你有没有什么好的表现呢？"我进一步启发。

"我……我……"东东边说边低下了头，沉默了好一会儿，又抬起头来说，"除了唱了两句歌、和同桌讲了一小会儿话，我一直都在安安静静地做作业，作业做完后，我趴在课桌上休息了一会儿。"

"总体而言，你中午在教室里的表现还是可以的。"我适时肯定他。"你以后能做得更好吗？"

"老师，我会做得更好的，我会努力控制自己的。"

见东东的情绪发生了反转，从自我埋怨转变成了自我反思，我便抓住时机，继续引导："若是出现违规违纪情况，要反思自己的问题，寻求进步的方法。若再出现类似'唱歌''和同桌讲话'的情况，应该马上反思以后该如何做，可不可以提前预习新课，可不可以趴在课桌上睡午觉，可不可以到教室外面去走走……绝不可一味地自我埋怨、自我否定。"

锦囊 27　减少负面统计

【应用时机】

无记名投票的教育效果不佳。

【用法解析】

"最喜欢抄袭的人"等负面统计，虽能让老师的教育更加理直气壮，却让学生自尊心受损，非常难堪。班级管理中，应减少甚至杜绝负面统计。

【实战案例】

伤人自尊的负面统计

迫于对屡教不改者的无奈，班主任常会以无记名投票的方式，进行诸如"上课最喜欢讲闲话的人"之类的统计，以此来告诫那些习惯欠佳、品行欠佳、犯了错却不认账的同学。

这类统计，种类繁多。"最喜欢疯闹的人""经常拖交作业的人""最喜欢抄作业的人""最不讲卫生的人""最不团结同学的人""最喜欢吃零食的人""最喜欢迟到的人""最喜欢骂人的人""经常带手机的人""经常上网吧的人""经常到其他班教室门前溜达的人""经常和校外人员混在一起的人""最有偷窥嫌疑的人""经常喊人绰号的人""经常在背后说人家坏话的人""有早恋嫌疑的人"等，不胜枚举。

对负面现象统计结果的运用，不外乎以下几种：

有时，将统计结果在全班公布，搞得得票多者颜面全无；有时，把家长请来，将统计结果拿给家长看，证据确凿地向家长告状；有时，不公开结果，只把统计结果私下给得票多的同学看，既示以警告，又顾全其面子。

对老师这种顾全学生面子的做法，学生是否认可呢？

多数情况下，我们会将这些统计结果保存相当长一段时间，并时时提及，希望能促进学生的进步。

利用负面统计结果来教育学生，效果如何呢？

不可否认，确有学生在证据确凿之下，口服心服，从此收敛自己的心性。但绝大多数无记名投票的教育效果并不理想：有的学生因被当众批评，自尊心严重受损，难堪至极，从此再也抬不起头来；有的虽承认自己错了，但并不真心接受教育，只是无力与老师的"正义之举"对抗，自暴自弃，破罐子破摔；有的学生还会因此产生严重的对抗情绪，自此以后，一门心思和老师对着干……

实际上，负面统计的最大效应是使我们的教育行为变得更加理直气壮。但是，这种理直气壮不能保证教育的有效性，无法让我心安理得。渐渐地，我对这些负面统计越来越慎重。

起先，我改变做法，统计结果公布与否，在什么范围内公布，由学生本人说了算。即使只私下告之相关学生，也要经学生本人同意。

后来，又作出改变，发挥家长的作用。只有和学生本人、家长取得一致意见后，才能悄悄将统计结果告知相关同学，并与家长一起对孩子进行教育和引导。

再后来，我统计负面现象的做法越来越少。

锦囊 28　别优待成绩优秀生

【应用时机】

优秀生"恃优自宠"。

【用法解析】

要杜绝优秀生"恃优而宠"的现象，必须重视品行和习惯的养成，遇到不文明行为坚决纠正；必须提出更高的学习目标，避免骄傲自满，浅尝辄止；必须严格纪律要求，纪律面前一视同仁。

【实战案例】

你，没有特权

小睿是优秀生，学习成绩一向很好，但令人疑惑的是，在七上、七下两个学期班干部选举中，她均低票落选。向她了解情况，她说无所谓。找她同桌及座位邻近的同学了解情况，得到的反馈是：她认为成绩好应该享受一些特权，比如当班干部，比如违纪后从轻处理。

得到这些反馈，我想，幸亏她没有当选为班干部。

本学期的班干部竞选，她没有报名参加。

某天第二节课后，数学老师向我反映，小睿上数学课讲话，批评她时，她竟表现出不屑的神情，还在下面小声嘀咕：我又不是不会做题，这节课的内容我都懂了……

听了数学老师反映的情况，我有些不安。先前，我已了解了小睿身上的问题，但没有足够重视，没有采取必要措施。这次，我必须正视她的问题。

中午，我把小睿请进了办公室，开门见山，直面问题的核心：成绩好是优点，但必须遵守纪律，在纪律和规矩面前，任何人都没有特权，包括你！

小睿也很坦率，她说："我早就听说了初中与小学的不同，在初中，成绩好是不会受到优待的，但我总是觉得应该受到'重视'。今天数学课，我讲小话是真，这是违纪行为，我承认。但是，老师讲授的内容我都掌握了。"她又想转移话题。

我严肃地说："先送你一句话吧——有才有德是正品，有德无才是次品，有才无德是废品。上课讲小话、讲闲话干扰了课堂秩序，你必须向数学老师承认错误。从今以后，你身上的任何错误，我必须严肃对待，因为我不想你成为废品。"

说到此处，我陡然中止了谈话，我要让她知道我的愤然。在她即将黯然踏出办公室的时刻，我又补充说道："下午抽时间去找数学老师。"

接下来的午休时间、下午第一节课和第二节课，我暗中观察着小睿的表现。刚离开办公室回教室午休时，她表现得非常难过。下午的两节课，她的情绪正常，纪律表现良好。只是，她并未去找数学老师。

我必须得催促她去找数学老师。我要让这次批评对她起到醍醐灌顶的作用。

下午大课间时，我又请来了小睿，对她说："为什么还不去找数学老师？若是觉得难为情，我可以带你去，而且，我还会适时为你打圆场，让你不至于太难为情。"

"老师，本来我是不想去的，但是我知道您是为了我好。我这就去找数学老师，该承担的，总是无法躲避。"看得出，小睿有些不情愿。因为我的坚持，她不得不作出让步。

"那你去吧。我最欣赏的就是你知错能改，敢做敢当。"我对她竖起两个大拇指，把她送出办公室，看着她朝数学老师办公室走去……

锦囊 29　倡导文明吐槽

【应用时机】

学生吐槽言语不敬。

【用法解析】

鼓励学生吐槽，是我的常规性做法。但是，吐槽必须语言文明，不说脏话；必须促进班级建设，有助于班级发展；必须体现人文关怀，让同学感到集体的温暖。

【实战案例】

吐槽，要表现出最大的善意

吐槽，不仅能让学生合理释放情绪，愉悦身心，还能培养学生不惧权威的良好品质。但是学生毕竟是未成年人，看待问题感性多于理性，吐槽时难免有谩骂之词，讥讽之意。如任其发展，一是可能形成学生愤世嫉俗的性格缺陷；二是可能形成讲脏话的不良风气；三是可能影响学生的语言表达——错字别字寻常事，网络语言满天飞；四是可能影响师生关系。作为老师，可以忍受学生一两次的言语不敬，但长期如此，势必影响老师的工作情绪。为此我倡导：吐槽，要表现出最大的善意。

一、引导学生站在班级建设的角度吐槽

男生 403 寝室里的小杰同学不仅不讲个人卫生，早上常不漱口洁面，而且不注意集体卫生，换下来的衣服乱放，做清洁敷衍塞责。在多次影响寝室荣誉之后，情绪激动的同学将两则吐槽语录交给我："小杰同学太随意，害人害己害寝室。""你不洗脸，我们还要脸！"这两则吐槽表达了同学们对小杰的埋怨，责怪他是害群之马。很明显，同学们没有意识到，帮助小杰改正不足是寝室全体成员的事儿，是全班的事儿。为了帮助小杰养成良好习惯，收到这两则吐槽语录后，我专门召集寝室成员集体吐槽，要求大家从寝室建设的角度想点子，出主意，并带头吐槽："小杰有错，人人有过。"这下，同学们明白了我的意思，纷纷发言："小杰，改正错误，我们与你同行。""老师，如果小杰需要一根拐杖，就让我做他的拐杖，我相信，他很快就能健步如飞。"这样的吐槽，不仅有效促进了小杰的进步，而且使寝室成员之间的关系更加和谐。

二、引导学生利用吐槽表达善意的思考

每半学期开展一次"我吐槽，你温暖"的吐槽语录征集表彰活动。

我班的小鑫同学学习成绩优秀，但长期失眠，多次就医，效果不佳，有

时甚至彻夜难眠，不仅自己痛苦，也影响了同学的休息。在我的引导下，同学们以吐槽的方式温暖着小鑫。初中阶段，小鑫同学的失眠不仅没有恶化，而且还稍有好转。八年级下学期期中表彰时，"别愁，我睡得比你多，你学得比我多""失眠不要紧，只要意志坚，过了这时段，保你睡不醒""你醒着守候，我才睡得香甜"三则吐槽语录被评为"最温暖吐槽语录"。

三、引导学生用平和的语气和规范的语言吐槽

曾经一度，SB、牛B等污浊词汇，铁公鸡、好吃佬等贬义词汇，肥婆、小矮人、懒坯等讥讽词汇，老子、王八等庸俗词汇充斥着学生的吐槽空间。为正本清源，一方面，我提倡用干净的词汇吐槽，一旦发现用语不文明，立马要求学生换用10种褒义和中性词汇表达，并作为必做作业，交给我批阅，直到合格为止。另一方面，一旦发现言辞过激的吐槽，我会让他反思错误，认识危害。

经过长期努力，同学们逐步形成了一种自觉：一旦出现类似情况，立刻主动认错。学生的文明素养提高了，班级更加和谐了。

四、不针对学生的心理疾病、特殊病史吐槽

学生的身体疾病、心理疾病、特殊家庭状况、家庭成员的疾病等，是学生的隐私，不能触碰，更不能吐槽。一旦触及，不仅无助于班级管理，还会造成激烈的矛盾冲突，带来新的管理难题。

锦囊30　颠覆《学生手册》

【应用时机】

原版《学生手册》不受待见。

【用法解析】

新版《学生手册》以"创先争优"为线索,以学生的口吻,用"QQ聊天体"的风格写成。把各项管理规定变成了学生的郑重承诺,把各种表彰条例变成了学生的学习目标。

【实战案例】

"QQ聊天体"《学生手册》

在班级管理中,我鼓励学生吐槽,从林林总总的学生吐槽中寻找班级管理的着力点和突破口,有的放矢地开展班务工作,取得了较好的教育效果。

鼓励学生吐槽产生的最大影响是彻底颠覆了我校的《学生手册》。

我校《学生手册》是一本集《中学生守则》《学校纪律处分条例》《学生寝室管理规定》等于一体的小册子。新生入校时,人手一册。

学校政教室坚持定期组织宣讲"学生手册"的相关规定,宣讲结束后,班主任针对班内实际组织讲评。而我的讲评,就是对照学生手册,组织学生就班内学生表现进行吐槽。

刚进入初中那会儿,学校组织学习《学生寝室管理规定》,随后出现的吐槽"金句"有:"哈哈,我是走读生。""动员几个人捐钱给寝室买台空调吧。""昨晚我在寝室里拍死了两只大蚊子,加几个辣椒,可以炒一盘。"第一则强调我不是住读生,不用学习,是对学校工作的针对性的质疑。第二则是建议,希望学校给寝室配备空调。第三则是对寝室环境表示不满,蚊子多而且大,难以入眠,就寝时违纪讲话情有可原。

2015年5月,一住读生离校上网吧玩了半天游戏。事后,学校组织学习《学校封闭式管理规定》,我班学生的吐槽"金句"有:"请孙悟空用金箍棒绕着学校画个圈,保准管用。""我妈妈给我送的午饭被门房收藏了。"(为保证学生饮食安全,学校禁止家长或亲友送盒饭进校。)"我要做作业,没有时间学。"第一则是对封闭管理的调侃,身处开放社会,学校如何封闭?除非请孙悟空来帮忙。第二则表达的是埋怨和不满。第三则认为没有必要学习,误了作业。

八年级下学期，学校发生了一起打架斗殴事件，学校组织学习《学校纪律处分条例》之后，我照常组织班级吐槽活动。这次，同学们的吐槽更让人啼笑皆非："我不用学，因为我从不违纪。""我的《学生手册》丢了，咋办？""上次违纪后，政教室罚我读了 10 遍，谁有我学得好？"这些吐槽，同样让人如鲠在喉。第一则认为，他从不违纪，处分条例对他不起作用，不用学。貌似有理，实则失之偏颇。你不违纪，班集体的建设你就没有责任了吗？第二则反映了《学生手册》遗失的事实，全班 70 名同学只有 14 人的《学生手册》尚存于世。第三则是自我调侃，"我"不会主动学《学习手册》，违纪受罚迫不得已时，才被迫学。

……

这些吐槽看似大不敬，实则反映了《学生手册》的尴尬处境：1. 大部分学生没有保存《学生手册》的主观需求，随着时间的推移，持有人数越来越少，有的甚至刚发下来就扔了；2. 主动阅读的同学少得可怜，绝大多数同学在校三年，从未主动学习过它，违纪被罚时，才找出来读；3. 因为不违纪，八成以上的同学认为《学生手册》对他不起作用。

是什么造成了《学生手册》的如此境遇？

关键在于它没有把握学生的心理需求。学生求学，是为求上进，享受充满激情的校园生活；是为自主发展，培养未来生存所需的才华；是为放飞身心，在知识的海洋里自由翱翔。可是，《学生手册》里却尽是规定，尽是禁令，尽是约束。就像面目狰狞的鬼神，就像浑身长刺的刺猬。拿着它，后进生会心存抗拒，优秀生则认为它没有任何指导意义。管理效果不好，也在情理之中。

经过深思熟虑，我决定发动学生重新编写《学生手册》。新的《学生手册》以"争先创优，激发校园生活热情"为主题，以"创先争优"为线索，内容涵盖 28 项学生评先评优条例、12 项学生管理规定。

新版《学生手册》由我班学生用第一人称、以学生的口吻，用"QQ 聊天体"的风格写成，把学校的要求变成了学生的郑重承诺，把各种评先条例和约束性规定变成了学生的学习目标，彻底改变了旧版《学生手册》的面貌。

每个评先条例后面都有 1~2 则热情洋溢的编者寄语，编者寄语以老师的口吻写成，表达了老师对学生的殷切期望。比如：

我能成为"优秀演讲者"

亲，相信我，我知道优秀演讲者的评定标准，我会努力做到：

1. 围绕既定主题，体现正确思想，力争对听者产生正面引导作用。
2. 亲，我将反复打磨演讲稿，使之行文流畅，用词精练。
3. 我演讲时，定会精神饱满，富有感染力。
4. 亲，演讲时，我会着装得体，台风大方，演讲效果好。
5. 我声音洪亮，口齿清晰，能流利地使用标准普通话。
6. 亲，我会关注听众的反应，用眼神和表情与听众互动，增强表现力。
7. 我将恰到好处地处理好演讲节奏，不超时限。

老师寄语：亲，演讲是一门综合性的语言艺术。它虽然不是播音，却要有播音员那样的字正腔圆；虽然不是说唱故事，但要像说唱故事那样绘声绘色；虽然不是朗诵，却要有诗朗诵那样的激情；虽然不是电视主持，却要有主持人那样的临场应变能力。

通过一段时期的使用，新版《学生手册》有效激发了我班学生的校园生活热情，他们的校园精神面貌发生了翻天覆地的变化。

2015 年秋季学期开始，我班学生编著的新版《学生手册》在全校推广，全校 3000 余名初高中生人手一册。

锦囊 31　加入学生 QQ 群

【应用时机】

学生通过 QQ 传递作业答案。

【用法解析】

加入学生 QQ 群，在 QQ 群里潜水，了解了大量信息后，有针对性地改进班务工作。比如：减少学生作业量，把单元考试变成独立作业，遏止用 QQ 传递作业答案，等等。

【实战案例】

QQ 群里的旁观者

班干部向我反映，有同学利用 QQ 群传递作业答案，尤其是双休作业，只要有一个同学完成了，其他同学就能便捷地从 QQ 群里弄来答案。阶段性检测时，也有同学利用手机 QQ 传递答案。

听到这个消息，我很惶恐，通过 QQ 传递答案，老师很难控制。我很担心学生的学习状态、思想状态。

怎么办？

我必须加入学生 QQ 群！

我设法弄清了学生群主的真实姓名，私底下动之以情，晓之以理，被允许以潜水的方式入群。但被告知，最好不要发言，否则同学们会非常反感。

从此，我成了学生 QQ 聊天室的"旁观者"，掌握了大量信息。

QQ 群里的神聊有很多种：

有发泄式神聊："英语作文写在哪？／纸上！／哪个纸？／卫生纸！／别开玩笑！／哦哦！自己搞英语纸写！"

这是一种询问，问同学英语作文写在哪儿，是同学间的一种幽默，更是一种发泄，是某种情绪的释放。这样的网聊，我以快乐的心情旁观，以宽容的心态理解。

有抱怨式聊天："唉！今天作业太多了，起码要搞到12点！／我国大约有3亿多的学生……假设平均每个学生考试考五科……每科两张卷……每年考两次……就有六十亿张纸……大约四十亿米……能绕地球十圈……一棵树大约能造一千五百张纸……六十亿就相当于四万棵树……能栽满整个北京……为了低碳环保……拒绝考试是必须的……/你太有才，我顶，我转发！"

这是对作业量过大、考试过于频繁的抗议，只不过，一般情况下，这种抗议，我们老师在教室里是看不到的。

有调侃式聊天："这作文怎么写？/三个字！/哪三个字？/日骚白！/三字真言啦！"

这是一则肆意调侃作业的网聊。"日骚白"三个字表达的是对待作文的"高招"，是典型的应付差事式作业态度。

还有开小差式聊天："！/？/还有几分钟下课，我饿了！"

这是我从群聊记录中看到的，聊天时间是上午第四节课，聊天内容是询问下课还有多长时间。

就这么潜伏着，我从不在里面发言，也无需时时盯着，每天抽空看一看，便掌握了大量的学生信息：有的同学作业态度不好，有的同学有厌学心理，有的同学常搬弄是非，有些同学私下推选班花；有人维护班规班纪，有人对同学作和风细雨的心理安抚，有人大肚能容难容之事……

掌握这些情况后，我的班主任工作更加有针对性了。比如针对学生反映的作业量过多的情况，我和任课老师协商，保证每天课余的书面作业量不超过1个小时，双休书面完成的作业量不超过2个小时。针对学生厌恶考试的情况，我取消了单元测验。针对学生课堂上用手机聊天的现象，我把相关同学的家长请来，学生、家长、老师三方面对面交流。先让学生梳理最出色的优点，梳理心有不安的缺点，然后不经意提出课堂上用手机聊天的事，并请家长替孩子代为保管手机……

通过多次、反复的学生座谈，所有学生的手机均交给了家长，用QQ传作业答案的现象被有效遏止。

锦囊 32　通报成长喜悦

【应用时机】

学生取得进步之时。

【用法解析】

在家长微信群、学生微信群里分享学生的进步，让进步者感到自豪，让家长感到喜悦，让其他家长心生羡慕，让其他同学产生动力。从而营造良好学风，积累班级正能量。

【实战案例】

成长喜悦12则

向家长分享孩子进步的喜悦，是我给家长当参谋的重要举措。我长期坚持通过微信群和家长分享孩子的进步。

以下是我在微信群里分享的成长喜悦。

成长喜悦1：改变最大的是周小壮、吴小铭。周小壮现在特别自信，特别有风度了。吴小铭的笑容很灿烂，能和教师、同学顺畅交流，友好相处了。

成长喜悦2：最有领导力的同学——俞小瑜、李和、骆晓、姚和怡。此四人班务管理能力强，在学生中有威信，前途不可限量。

成长喜悦3：最有约束力的同学——陈龙、杨志、张龙、徐小静、杨子梓、刘锐。这六人自己能管得住自己，自觉性很强。请家长继续关注，他们将来一定成就非凡。

成长喜悦4：最有灵气，最愿意开动脑筋，课堂状态最好的同学——李震坤、黄明煜、王昱昱、邓利琦、高梦、谢意欣。继续努力，必能取得更大进步，达到新的高度。

成长喜悦5：最勤奋的同学——向吉、梁肖瑞、肖哲阳、饶悦婷、李一鑫、李若思。若他们能继续努力，长期坚持，一定会取得巨大进步。

成长喜悦6：最有潜力的同学——曹吴、陈珂玲、吴瑜玲、吴梦、李晓颖、高之卫、艾冠、李之军。这些同学若能正视不足，奋起直追，一定能超越自己，超越别人。

成长喜悦7：最有责任心的班干部——李一鑫、杨子梓、姚和怡、李未来、俞小瑜。他们能时刻牢记自己的责任，这样的人，无论走到哪里，都是受欢迎的。

成长喜悦8：最可爱，最让老师满怀期待的同学——马小骏、陈亦聪、朱姚尧、罗欣、李一木、徐忆依。期待你们取得更大进步。

成长喜悦9：最打动人心的朗读者——杨子梓、黄明煜、李震坤、高之卫。

成长喜悦10：台风最好的演讲者是——俞小瑜、骆晓、李若思、邓利梦、姚和怡、向吉、谢意欣。

成长喜悦11：最能创造奇迹的演讲者——李若思、高之卫。你们和上学期的演讲相比，几乎判若两人，进步之大，让人叹服。

成长喜悦12：这次期中考试，进步最大的有四个人——向吉、李若思、肖霄、陈龙。希望你们戒骄戒躁，再接再厉，取得更加优秀的成绩。

第二章

打造良好形象

班主任要亲近学生，
时刻表现出善意、真诚、慈祥，
让学生倍感亲切。

要有威信，
时刻表现出严肃、正义、公平，
让学生有敬畏之心。

第一节　修炼个人魅力

锦囊 33　还是"帅"一点好

【应用时机】

适合所有教育教学场合。

【用法解析】

班主任,形象要"帅"。要讲究发型,讲究服装款式,可适当化淡妆,可佩戴合适的头饰……使自己更有气质,更有魄力。

【实战案例】

老师的白发不见了

因同事公差,学校安排我临时兼任 904 班的语文老师。

与我这个代课老师形成鲜明对比的是,904 班的原任语文老师年轻漂亮,活力四射。而我已年过五旬,长相不佳,头发花白,故而很不被学生看好。

还记得到该班上第一节课的情形:一走到教室门口,便感受到同学热情的目光。在等候上课铃响的 3 分钟里,我清晰地感受到同学们的热情迅速减退,还听到有同学小声说:"怎么安排这么老的老师来给我们上课?""白头发老师,唉!"……

上课铃声响后,我大声喊"上课"。

"老师好!"同学的问候声中,热情在继续减退,我分明感受到同学们嫌我老了,嫌我头发花白了。

当然，这并未影响我的课堂质量，"名师"的课岂能让同学们失望？我的课相当出彩，有滋有味，绝对是一节好课。

中午，休假在家的女儿看着我花白的头发说："爸爸，把头发染一下吧，这样的话，看上去更年轻。"

拗不过女儿，我去理了发，也终于染了发。

又是一节语文课，当我再次站在904班教室门口等待上课铃响时，同学们掌声雷动。"老师的白发不见了。""老师，你好帅啊！"叫好声此起彼伏。

上课铃响后，我大声喊"上课"。

"老师好——帅！"全班同学异口同声地喊道，声音特别响亮。

听着同学们的叫好声，我心里格外敞亮，笑容可掬。看我春风拂面的样子，同学们又报以热烈的掌声。

好大一会儿，我才让学生安静下来。那节课，我上得特别好。学生也听得非常认真。我不由得感慨，让自己"帅"一点，真好！

今后，我必须注意个人形象，不能以邋遢相示人，头发要顺，衣服要净，身板要正，必须让自己帅气一点，再帅气一点。

穿衣服，讲究质地：无论长短厚薄，必须挺括，无皱痕，无污渍。要讲究衣服的颜色：无论春夏秋冬，衣服必须醒目，颜色要正，不能灰不溜秋。颜色要单一，不能花里胡哨。理发时，讲究发型：理发师为我量身设计了一款发型，每次进理发店，不惜花60元重金理发，追求风度，风流倜傥。

我甚至开始琢磨脸上的老年斑了……

锦囊34 做暖男

【应用时机】

时刻关注问题学生。

【用法解析】

班主任要追求教师职业的内在魅力：用自己的善良赢得学生的尊敬，用无微不至的关心赢得学生的亲近，用更高的要求和期待赢得学生的进步。

【实战案例】

我希望，我就是她的太阳！

"暖男"，是吉茜同学在周记中对我的称呼，这个称呼曾剧烈地震颤着我的心弦，让我感到前所未有的幸福。

吉茜的周记是这样写的：

昨天，班主任老周把我请到办公室，进行了一番长谈。那时，办公室的门敞开着，我站在风口上，冷得厉害，哆嗦着。也许是看见我将脖子缩进衣领的样子，他突然停止滔滔不绝的教诲，说道："你帮我把办公室的门关上。"然后扫了我两眼，问："你冷吗？"

我有些惊讶，他竟关注着我的冷暖。"嗯，有点儿。"我淡淡地回答。

"我记得你有一件很长的棉袄，今天天气冷，你应该穿那件，这件袄子很薄，看着就冷。"说这话时，他的语气特别柔和，非常温暖。

不由自主地，我想起了前几天老周反复提醒我将棉袄的拉链拉好以免感冒的事儿，但我始终不听他的话，甚至还很反感，怪他"管得宽"。

今天我才发现，原来，老周竟是个暖男。

然而，在很长一段时间里，吉茜却是班里最让我担心的学生。

七年级入学的第一天，她便通过QQ对我说："真想死了算了，一了百了。因为妈妈和继父又打架了，家里的东西扔得到处都是。"此后，她的聪明与狡黠、自卑与幼稚，常让我措手不及：

自习时，她大声讲话，影响教室秩序，值日生把她的名字写在了黑板上。然而，面对我的质问，她却闪烁着双眼，狡黠地转移话题说："值日生自己也迟到了，但他没把自己的名字写在黑板上。"

在大礼堂举行朗诵比赛时，观众席上的吉茜不停地和旁边的同学讲闲话，我走向她，准备批评她。然而，她发现我的举动后，反而径直向我走来，说："老师，我要上厕所。"成功转移了我的视线。

还有一次，我想与她谈谈作文写作心得。当我站在教室门口大声喊"吉茜到我办公室来一下"时，她却脱口而出："我又怎么啦？没犯错啊！"

我明白，这是一个特别敏感、特别需要温暖的女孩。

我尝试从以下三个方面入手，成为吉茜同学心中的太阳。

第一，让我的批评更暖和。

冬季的早自习，她迟到了，我严肃地说："我期待着你明天不再迟到。"然后停顿片刻，用柔和的语气说："赶快进教室吧，外面天冷。"

她没交作业，我这样批评她："按时交作业是你做学生的本分。"然后稍稍停顿，用关心的语气问道："你是不是碰到难题了？我可以教你。"

她把别人弄哭了，我严肃地说："把别人弄哭了，这是你的不对！"接着，我变换语气，柔和地说："你错了，主动向人家道歉，好不好？"

渐渐地，吉茜同学不再抗拒我的帮扶。

第二，让我的关心溢满暖意。

通过观察，我发现她有三件棉袄。但她经常在很冷的天气里穿较薄的棉袄。于是，她进办公室拿作业时，我提醒她说："今天气温很低，你怎么没有穿那件厚棉袄？"

我还发现，她经常变换衣服的颜色，目的是遮掩比较黑的肤色。于是，当她穿着杏色衣服进办公室向我请假时，我喜形于色地说："这件衣服不错，颜色好，很适合你。我女儿也有一件这种颜色的衣服，穿着特别好看。"

渐渐地，她越来越愿意和我接近、和我交流。

第三，让我的期待更加暖心。

刚进初中，她便申请担任电脑管理员。在我们班，电脑管理员属于班委会成员。但是，吉茜的纪律表现差，常常不交作业，离合格的班干部尚有一段距离。我便告诫她："根据你的表现，是不能担任电脑管理员的。但是，我知道你特别喜欢做这事儿。这样吧，你可以以志愿者的身份协助电脑管理员搞好电脑管理，等到你的纪律表现好了，能按时上交各科作业了，学习成绩明显提升了，我再让你正式参加电脑管理员的选举，到那时，我举双手给你投票……"七年级下学期时，吉茜顺利当选为电脑管理员。

九年级时，新增了化学学科。吉茜又申请担任化学科代表，我用期待的眼神望着她，对她说："当科代表，首要条件是学科成绩优秀，得到老师的认可；其次是要努力当好老师的助手。否则，不到一个月，你就会被免去科代表职务。我期待着你能成为一名合格的科代表。"在以后的日子里，吉茜收发作业、准备实验器材、协助老师布置作业等做得有声有色。她的化学成绩也没有落下。

此时，我终于看到，吉茜成了一名受同学认可的班干部，成了一名合格的科代表。在刚刚结束的元旦文艺汇演中，她担任班级器乐演奏的指挥，表现非常出色，甚至观众都误以为她是我请来的音乐专业人士……

看着她的进步，听着她称呼我为"暖男"，我觉得好幸福好幸福。做暖男，才有魅力。

锦囊 35　心软才好

【应用时机】

学生表现不佳之时。

【用法解析】

"心软"，是针对"心狠"而言的。"心狠"，是指不利于学生健康成长，过于严厉的教育措施。而"心软"则是指柔和惩罚，安静陪伴，多多提醒。

【实战案例】

心软的三种表现

班级管理要严,严格纪律要求,严格学习要求,严格礼仪要求,严格作息时间等。但是光有"严"是不行的。一味地严格,会使形象古板僵化,会让学生敬而远之。

严格之外,还要有柔和的一面,要刚柔相济。柔和的体现有三:

一、柔和惩罚

那天,我发现学生小明的语文作业有两题空着没做。我将此事如实告知家长,家长非常配合,立刻表示,保证好好批评小明,让他下不为例。

次日,小明同学来校稍晚。在他喊报告进教室时,我想起家长"好好批评"的承诺,便走出教室,询问孩子在家接受家长批评的情况。小明说,家长让他把未做的题目抄了10遍。

"嗯?"我有点不相信,然而,小明诚实的眼神又让我不得不相信。

我再次打通了家长的电话,直言告之:让孩子抄10遍题目纯属无效劳动,不能解决任何问题,着实"狠心"。

两道题目没做,我已督促孩子做完了。家长非要惩罚,也不能这么生硬,要柔和些,要务实地惩罚:做适量的俯卧撑,做适量的家务,写字数适量的反思,背一首长诗,等等,这样才有助于解决问题。

心软,就是惩罚柔和些。

二、安静陪伴

学生作业未完成,原因有很多。其中一个重要原因是:家长无暇陪伴,不能现场督促,学生做作业处于无人监管状态。

心软,就是学生写作业时,家长尽可能地陪在身边,适时观察,适时纠正写作业过程中的懒散、敷衍、开小差等毛病,避免出现作业完不成、应付差事等现象。

家长安静地陪伴孩子，孩子的安全感、幸福感将大大增强。

陪伴，不仅指爷爷奶奶的陪伴、爸爸妈妈的陪伴，还包括学校老师的陪伴、学校托管老师的陪伴、校外托教老师的陪伴。

心软，就是安静陪伴。

三、多多提醒

星期一，学生交双休作业时，我发现小明的语文练字作业、名著阅读笔记没交，试卷订正完全没做，一个字也没有写。

上课时，我问他为什么，他说练字作业忘在"托教"那儿了。语文组长马上补充说，小明的试卷订正也没交，他说也忘在"托教"那儿了。

我说不对呀，他的试卷交了，不过却是一题也没有订正，大家哈哈一笑，顿时明白了"忘在'托教'那儿"的真相。

小明是很聪明的学生，在经常不交作业的情况下，期中考试依然是班级前30名。要是家长能给予学生恰当的帮助，他应该能考班级前10名。

很显然，解决小明的家庭作业问题，家长更为方便，比如吃晚饭前关心一下孩子"你有不会做的作业吗？"晚上睡觉前询问一下"作业做完了吗？"早上上学前提醒一下孩子"作业带了吗？"

心软，就是多多提醒孩子。

锦囊 36　牵着星儿去上课

【应用时机】

转化异常学生。

【用法解析】

班级管理中，总有个别学生表现得异乎寻常：有的学习严重滞后，有的性格孤僻抑郁，有的有暴力倾向……改变他们，宜从亲近学生开始。

【实战案例】

"走，我陪你去！"

星儿，一名典型的异常学生。从教 30 多年，我还是首次遇到这种类型的学生。这也注定了我和她之间会有一段诗意的旅程。

一、hold 不住的星儿

"星儿，快点啦，同学们都在操场上集合了，马上就要出发啦！"我在教室门口急切地喊道。

按照学校安排，此刻，我们七年级分部的同学要步行 1.5 公里，到学校总部去参加开学典礼。可是，我班上的星儿同学却安安稳稳地坐在座位上，丝毫没有要出发的意思。

对于我的急切呼唤，她置若罔闻，不理不睬，眼睛呆呆地望着空空的课桌。

见此情景，我赶忙走到她身边，关切地说："咱班同学都下去集合站队了。你是不是不舒服？要不要看医生？……"

她依然一言不发，就这么低着头，坐在那里，一动不动。

面对刚刚认识的女学生，我有些 hold 不住了，急忙跑到办公室请英语老师——李老师帮忙。我想，同为女性，请她做星儿的工作，应该比我方便。随即，我赶到操场，组织其他同学站队，准备出发。

很快，701 班、702 班……依次出发了，马上就轮到我们班了。幸运的是，李老师的工作有了成效，星儿同意和大家一起去学校总部参加开学典礼。

……

第二天（9 月 2 日，星期五）课间操时，同样的情况又出现了：星儿坐在座位上，丝毫没有去上操的意思。

我又上前询问原因，督促她去上操，但她低着头，毫不理睬。我赶忙再请李老师出马。可是这次，李老师也hold不住了。她，纹丝不动，不言不语不动身。

二、改变，从亲近开始

终于，我无法淡定了，请来了家长。

家长说："不知怎的，小学六年，星儿从未参加集体活动，也不去音乐室、美术室、微机室上课……常常不做作业，上课不听讲……我们家长经常批评她……她呢，总是低着头，脸上从没有好颜色……"家长越说心越沉，时不时叹气。

"那，她什么时候最高兴？"我引导家长回忆孩子的幸福时刻。

家长的眼睛顿时一亮，笑着说："双休、寒暑假等不上学的日子是她最高兴的时候，她总是玩到很晚才回家，过家家啦，搬螃蟹啦，挖野菜啦……"

我明白了，这是典型的厌恶上学啊。改变她，得淡化成绩，从亲近孩子开始，要让孩子感受老师的和蔼，感受同学的温暖。

于是——

每次进教室，我都有意识地对星儿微微一笑，点一下头，再开始讲课；课堂上，只要我的视线接触到她，定然会露出灿烂的笑意；下课铃响后，我也总会望一下她，与她相视一笑，才离开教室。

早上上学时在校门口遇见她，我会亲切地向她招手，说道："星儿，来上学啦。过来，我们一起走吧。"然后，和她并排前行。

课间看见她在教室里发呆，我会热情地走向她，满面春风地说："星儿，在想啥有趣的事儿？走，到外面和大家一起玩儿吧。"

……

渐渐地，星儿的心理状态有所好转了：我进教室时，她不再总是低着头，有时会用热情的目光迎接我；下课后，她有时会目送我出教室，甚至走出教室，看着我离开。每当此时，我的心中便满是甜蜜的成就。

接下来，我该尝试改变她的学习状态了，我要让她正常地参加各门学科的学习。

三、陪学生去上音乐课

星期四（9月8日）第四节课是音乐课。我知道，星儿是不会去音乐教室的。所以，上课铃响2分钟后，我便到教室里巡查。可是，教室里却空无一人。

"星儿，在哪儿呢？"我着急地喊道。

"我……我在这儿。"伴着细碎的应答声，星儿从座位下面慢慢地钻了出来。原来，听到我的脚步声后，她钻到课桌下面去了。

"课桌下面有什么有趣的玩意儿吗？"我笑声朗朗，轻声问道。

"没……没什么。"受我笑声的感染，她也露出了笑容。

看着她可爱的样子，我突然蹦出一个念头：何不牵着她去音乐教室？想到这儿，不由得拉住她的手说："星儿，走，我陪你去！"

起初，她是被我用力拉着走的，走得很慢。走了大约20米后，便明显感觉到已无需用力拉她了，甚至，她已能主动跟我走了。

来到音乐教室门口，推开门，我像学生一样喊了声"报告"。音乐老师先是一愣，继而和蔼地笑着说："星儿，快进来，正等着呢。"边说边走过来，接过星儿的手，把她牵到座位上。

离开音乐教室后，我反复回味刚才温馨的画面，心里暖暖的。心想：今后，就用这个方法，牵着星儿去上课。

很快，一个星期过去了。由于我的坚持，她参与了所有课程的学习。其间，班长杨谨（女，和星儿同住一个小区）、安全委员陈珂（女）等班干部不止一次向我申请陪着星儿一起走。

于是，班级周小结时，我宣布了一个决定：以后，凡是到室外上课，或是到功能教室上课，班长要牵着星儿一起走，安全委员关好门窗，确认教室里无人之后，将门锁上，然后与班长一起陪着星儿去上课。

自此，星儿再也没有缺过课。

有一天，学校支部书记在我们年级QQ群里发了一张照片，是我牵着星儿走过走廊时的背影，一老一少，一高一矮，一个白发苍苍，一个清纯亮丽。支部书记为这张照片配的文字是：校园里最美的风景。看着这张照片，感觉真好！

锦囊37　当好"后妈"

【应用时机】

中途接手新的班级。

【用法解析】

前任教师已和学生结下深厚情谊，形成课堂默契，学生不会轻易接纳继任者。身为"后妈"，我们要理解学生的"前任心态"，不要用此班的"不好"去比彼班的"好"，要在微笑与沟通中走进学生的内心，由"后妈"转正为"亲妈"。

【实战案例】

"后妈"心得

因807班的语文老师调到宜昌，我被临时安排兼任该班的语文老师。

然而不到一周，我就发现，部分学生沉浸在对原语文老师的想念之中，对我这个后继者很不"感冒"。

如果把原任语文老师比作"亲妈"的话，那么我便是"后妈"。而且，我这个后妈又老又丑，头发花白，还是个男的，比不得"亲妈"年轻貌美、青春靓丽。

但是，"后妈"难当也得当啊！我的具体做法有三：

一、不要用此班的"不好"去比彼班的"好"

一节课下来，我觉得该班课堂纪律不怎么好，总能听见嗡嗡的讲话声，却又发现不了是谁在讲话；总觉得该班学生不懂得尊重老师，有两个同学整节课连头都没抬一下，一直低着头；总觉得该班学风不正，真正认真听讲的只有约50人，还有大约25人在做别的事儿……

回到办公室，和同事聊起该班给我的印象时，同事的一句"你不要用807班的'不好'去比较803班的'好'"惊醒了我这个梦中人。

我不禁反思起来：一方面，对新增加的教学任务，我是心存芥蒂的——为什么偏偏就给我增加了一个班呢？另一方面，先前的803班，我已经带了一年半，朝夕相处中，深厚的师生情谊早已形成，课堂上的默契是807班无法比拟的。

我恍然大悟，如此心态，很难形成新的认同感，很难进入正常的教学状态。

我必须把心态放平，不用比较的心态去观察该班学生的表现，而是用心对待每一位学生，耐心帮扶，精心施教。

二、接纳学生的"前任心态"

学生习惯了原来语文老师的课堂风格，和原来的语文老师建立了较深的情感。在我面前，必然会有留恋"亲妈"、嫌弃"后妈"的表现。

身为"后妈"，必须接纳学生的"前任心态"，用微笑表示对他们的理解。当学生上课不认真听讲时，我微笑着说，"集中精力听讲是一种能力也是一种品质，我相信你是具备这种品质的"；当学生埋怨课堂作业时，我微笑着说，"完成课堂作业是学生的本分，相信你是一个守本分的人"；当学生单元测试得分不高时，我微笑着说，"你会每次都得低分吗？不，相信你下个单元的得分会有进步的"……以此，来理解他们对前任语文老师的留恋，并逐步走近他们。

身为"后妈"，不可贬低前任语文老师。若是看到学生不信任自己，便想从与前任语文老师的比较中找回面子，往往会适得其反。担任807班的语文老师后，我从未夸耀自己的教学业绩，从未夸耀曾教出几位中考状元，从未贬低前任语文老师。

三、在沟通中走进学生的内心

要想尽快走进学生内心，主动沟通是非常必要的。

首先是和807班的班主任沟通。班主任王老师的办公室离教室稍近一些，所以，每次上课前，我都会提前到他那里聊一会儿，聊佳佳的作文写得精彩，聊肖松上课为啥打瞌睡，聊蕾蕾为啥不交作业，聊婷婷进教室不愿喊"报告"，等等。这种沟通让我对学生的了解越来越多，为更好开展教学奠定了良好的基础。

其次是和学生沟通。每次下课后，我都不会马上离开教室，而是主动寻找话题和学生个别沟通，如表扬某同学书写工整，和科代表商量布置今天的作业，将重新装订好的练习本交给同学并嘱咐他别再把本子弄坏了，就某位同学作业中的某个错题进行指导，等等。

沟通多了，学生逐渐接受了我这个"后妈"，我也逐渐走进了学生的心里，逐渐建立起正常的师生感情，甚至逐渐形成了能比肩803班的教学默契。

我很庆幸，"后妈"当得不错。

我期待着，变成807班学生心中的"亲妈"。

锦囊38　别让学生左右为难

【应用时机】

不同教育者的教育理念相左时。

【用法解析】

班级管理中，可能会出现任课老师与班主任的意见相左、班主任与学校领导的意见相左、老师与家长的意见相左等情形。一旦发生类似情形，学生便会陷入两难境地。为此，必须完善班级规则，建立"消除两难境地"的申诉机制。

【实战案例】

两难境地

早读来到807班时，同学们正在大声朗读。我满意地点点头，在教室巡视一圈后，向我担任班主任的803班走去。未进教室，便觉察到读书的声音比往常小了很多，怎么回事儿？

快步走到教室一看，竟有10多人还未进教室，我顿时心生不悦。

问班干部，答曰：他们在做清洁。

做清洁便可以迟到吗？不行，我得重申班级规则。

上午第一节课，803班是语文课，进教室后，我直奔主题，重新强调班级规则：早读也好，语文课也好，晚自习也好，任何人不得以任何理由迟到，即使是做清洁也不行。凡迟到旷课者，皆要接受批评！

……

下课回办公室途中，见到了政教处邓主任，他严肃地说："周老师，早读之前，您班的清洁做得很不好，我要求学生重做清洁。可他们说怕早自习迟到，不想重做。我严肃批评了他们，督促他们重做清洁后才回教室上早自习。"

啊！原来如此。这是迟到的原因。

看来，我错怪孩子们了。我的要求不仅无助于解决问题，反而让学生陷入两难境地：不按政教主任的要求做，会被批评；不按我的要求做，也要受罚。左也不是，右也不是。

实际工作中，还会出现任课老师与班主任的要求相悖，班主任与家长的要求相矛盾的时候，此种情况，学生左也不是，右也不是，左右为难。

经过班集体讨论，我们为班级规则作了补充规定：

1. 家庭原因致使学生迟到、早退，由家长打电话请假；班级或学校原因致使学生迟到、早退，可由班干部请假，学生免于批评。

2. 建立"消除两难境地"申诉机制。当班主任与学校领导的要求相左时，任课老师与班主任要求相左时，家长与班主任意见相左时，学生要及时向值日生、任课老师、班主任提出申诉，并最终由班主任对相关要求作出调整，消除两难境地。

这个案例给我的启示是：班主任给学生提要求时，要考虑各方面情况，注意与家长、与学校领导、与任课老师协调一致，彰显班主任的公平心、公道心。

锦囊 39　控制好个人情绪

【应用时机】

教师要时刻控制好自己的情绪。

【用法解析】

体罚、变相体罚等违规行为，多为情绪失控所致。面对学生的违纪，面对学生的冒犯，我们必须冷静沉着，必须换位思考，必须转移注意力，从而熄灭自己的怒火。

【实战案例】

熄灭怒火

案例一

第二节课时，我发现坐在后门附近的两名同学在玩扑克。虽然他们的声音很小，但"大王""皮蛋"等字眼还是非常清晰地传入我的耳朵。

起初，我非常恼火，停下了讲课，用严厉的眼神死死地盯着他俩，怒火一触即发。全班同学都静静地看着我，两名玩扑克的同学也停止动作，眼神闪躲，不敢正视我。

但是，一瞬间，我的脑海里响起一个声音：抓紧完成教学任务，你已落下太多的教学内容了。很快，这个理智的声音战胜了满腔的怒火。我告诫自己，若是大发雷霆，揪住他俩不放，今天的教学任务就又完不成了。

那段时间，因为连续受邀外出作学术讲座，我班上的语文教学进程已经严重滞后，和兄弟班级相比，已落后一个单元了。这节课铃声响起之前我还计划着，得多讲一些，尽可能地把教学进度往前赶一赶。

想到这里，我终于克制住了冲动，怒火渐渐熄灭，眼睛变得清澈了，眼神变得柔和了。同学们都松了一口气，两名违纪同学也停止了违纪行为，轻轻地把扑克放进抽屉里，改变了驼背低头的姿势，直起身子，将双臂放在课桌上。

接下来，我继续上课，边讲课边在教室里巡回走动，来到他俩身边时，我用手拍了拍他们的肩膀，然后继续在教室里巡回讲课。我就这样成功地把注意力从他们俩身上转移到教学内容上来，顺利完成了教学任务。

下课后，再找他俩时，我用非常友好、非常平和的语气和他们交流，引导他们认识错误，下不为例。两名违纪同学也以非常好的态度接受了我的教育。

这一次，我不仅成功地控制了自己的情绪，还得到了一个全新的体验：处理学生违纪事件，竟可以如此轻松。

案例二

第一节晚自习下课后，我有点累，回到办公室，打算趴在办公桌上休息几分钟。

可不到两分钟，就听到外面走廊里传来三个男生的笑声。三个人仿佛在进行笑声接龙，你笑完后，他接着笑……笑声很放肆，此起彼伏，没有节制。

起初，我以为是同学间开玩笑，便没有在意。

可是，笑声越来越大，越来越近，甚至感觉笑声就是从我办公室门口传来的。我渐渐觉得，他们是在"逗"我，可我没理他们，继续趴在办公桌上休息。

过了一会儿，笑声没有了。

几秒钟之后，同样的笑声又从隔壁物理老师办公室门口传来——此时，我的感受渐渐变了，这声音变得恐怖起来。

我再也无法安静地趴在办公桌上休息，猛地站起来，快步走出办公室，几乎是跑着来到物理老师办公室门口，对着正在肆意搞笑的三名同学大声说道："你们在干什么！在干什么！"边说边用手指着他们。"来，到我办公室里去！"

可是接下来，我觉得，"押送"三名同学回办公室的路特别漫长，有一个声音在反复质问我："你有必要发这么大火吗？"

学生无聊的笑声固然"恐怖"，但我的表现似乎更加恐怖。

……

此时，我已调整好了心态——尽量放低音量，尽量使语气平和，说道："同学们，为什么发出这样的笑声？"

"我们……只是……发笑而已。"一名同学说。"想逗老师一下，但没有恶意的。"另一名同学补充道。

……

我平和地告诫三名同学："希望你们以后别用这种方式逗老师，好不好？回教室去吧。"

经过实战检验，我总结出了控制情绪的四个招式：

一、把自己想象成如来佛祖

面对孙悟空的胆大包天，如来从不着急，总是拈花一笑。因为佛祖知道，孙悟空再调皮，也逃不出他的手掌心。作为老师，我们也要如佛祖一般高度自信，冷静处置，避免出现过激情绪。

二、设身处地换位思考

学生是来接受教育的，他们有错误言行是再自然不过的事情，不足为怪。若是换位思考，心中必是另一方天地。"哎，又没有完成作业，老师又要批评我了。""啊！又忘了老师的告诫了，又违反班级规则了，又要写说明书了。好倒霉！"换位一想，必然能缓解情绪。

三、以欣赏的眼光看待学生

打个比方，孔雀开屏时最是好看。可是，如果孔雀开屏时你不看它的正面，而去看它的背面的话，你会觉得它一点也不好看。时时关注学生的优点，就如正面欣赏孔雀开屏，必是身心愉悦。时时关注学生的缺点，就如从背面观看孔雀开屏，索然无味，情绪不佳。

四、转移注意力

情绪激动时，为了不让自己失控，可以有意识地转移注意力，把注意力转移到其他事物或活动上去。

久而久之，我在学生心目中的形象也改变了，孩子对家长说：我们的班主任很少发火，我们既爱他又怕他。他的眼神尤为厉害，表扬你时可以让你如沐春风；斥责你时，又可以让你胆战心惊。

锦囊40 拿捏好评价分寸

【应用时机】

评价学生的学习和操行时。

【用法解析】

作为班主任，我们评价学生的场合、方式很多。比如：课堂上和学生互动，课间和学生个别谈话，家访时向家长汇报学生表现，等等。口头评价也好，书面评价也好，要态度和蔼，言词得体，把握分寸。

【实战案例】

公开课上说学生"笨蛋"

2018年10月24日上午第二节课，孙老师在某中学七（2）班上语文公开课。

……

"同学们，'美不胜收'这个词是什么意思？"老师用期待的目光望着学生。

"那，同学们查一下字典吧。看谁查得又快又准。"见无人应答，老师机智地引导学生查字典。然而，只有5名同学开始行动，其他同学没有响应。很显然，这个班的语文习惯不是很好。有经验的老师会马上意识到，这是一个难得的语文教育契机，处理好了是能够出彩的。

但是，因为影响了预设的课堂进度，孙老师变得急躁起来。"怎么回事儿，同学们没有查字典的习惯吗？"

"老师，我查到了，意思是：美好的东西很多，一时看不过来。"一同学举手回答。老师喜形于色，笑着追问："那你说说，'美不胜收'的'胜'字是什么意思？"

显然，老师想随机生成一个教学环节。可是，这个字却难住了所有同学。老师只得再次引导学生在《现代汉语词典》中查找"胜"字，在其诸多义项中辨别。经过一番查找和辨别，连续两个同学答错了。这时，老师的耐心完全丧失，方寸大乱，竟然说："一个字而已，我引导了半天，怎么就弄不明白呢？这个字的意思是'尽'，太笨了，笨蛋！"

顿时，听课的老师呆住了！而孙老师本人，也呆了！怎么能这么说学生呢？

教室里的空气仿佛凝固了。继而，有同学开始交头接耳。

……

"笨蛋"一词，让老师形象尽毁。无疑，这是一堂非常失败的公开课。

前车之鉴，评价学生时，做到以下三点：

1. 情绪好，春风满面。

不恰当的评价，往往源于情绪失控。若时刻保持良好的情绪，"笨蛋"这类词语怎会出自你口？老师春风拂面，学生必然十里桃花。

2. 不使用比较式表扬。

"今天的大扫除谁的表现最好？""大家说说，还有谁的表现更好。"

作为老师，这样的话，是不是似曾相识？这就是比较式表扬。我们应尽力避免比较式表扬，避免表扬了一人，却伤害了一片的尴尬情形。

3. 杜绝贬责侮辱性评语。

作为老师，评价学生时要措词恰当。严禁使用"笨猪""笨蛋""傻瓜""王八蛋""老鼠屎"等贬低性词语评价学生，严禁使用"丑三八""死伢子""睡猫""胖妹""门外汉"等侮辱性词语评价学生。

老师要以儒雅大气的形象示人，春风化雨，引导学生前行。莫以急躁野蛮的形象示人，既毁了自己，也伤了学生。

第二节　树立个人威望

锦囊41　为自己立威

【应用时机】

接手新班级后。

【用法解析】

我们提倡摒弃传统的师道尊严，和学生成为朋友。但必要的威信还是要有的，因为教学效率的高低、学生成绩的好坏、班风班纪的优劣往往取决于老师有无威望。

【实战案例】

立威，从五方面着手

在学生心中，你若没有足够的威望，可能会出现非常尴尬的事情。曾经，有两名同学的表现，真的吓到了我。

一个学生"出口成脏"，颠覆我的三观——

那天，我正批改作业，后面多了一个学生，是同年级5班班主任王老师请进来的。王老师的办公桌在我后面，工作时，我和他是背对背的。王老师让学生先反思自己的行为，站累了可以坐老师的办公椅，然后便上课去了。

过了一会儿，吴老师有事找我，进来后，他发现我背后站着一个学生，便亲切地问道："怎么啦，小伙子？"

没想到这学生一开口，便使办公室里的老师惊呆了，三观被彻底颠覆。该学生说："他妈的，你管我呢？"

吴老师呆了一下，继续和颜悦色地说："同学，你怎么不好好说话？"

"他妈的，你怎么不好好说话？"学生还是这样的态度。

……

还有一个学生气势汹汹的，威胁老师，情况更加吓人——

2016年4月23日，一名男生集合站队不听指挥，班主任批评了他。

没想到，这个瘦小的学生竟然气势汹汹地抓住身材高大的男班主任的衣领，右手指着老师的鼻子，挑衅地叫嚣"信不信我搞死你？"，让现场同学、老师目瞪口呆。

这两起事件，老师的威信受到了极为严峻的挑战，甚至可以说威信扫地。

这两件事给我的启示是：接手新班级，须尽快树立教师威信。

一、从五个方面着手，树立自己的威信

1. 展示自己渊博的学识，让学生佩服。

2. 用冷峻的语言指出学生的错误，让学生感受到：自己错了，老师的批评是对的。

3. 处理班上第一个违纪事件，要取得教育学生的"完全胜利"。

4. 与学生保持适度的距离。既不要让学生对你敬而远之，也不要与学生打成一片，太远太近都会影响班主任的威信。

5. 必须偶尔板起面孔。老师的身份，具有天然的威信，咱们要珍爱这种威信。不要总是和颜悦色，该严肃时一定得板起面孔。

如此，则可以在较短的时间内树立教师的威信。

二、班级讲评，丰富学生的人生智慧

有一次班级讲评，我一口气给学生讲了三起惨剧：某中学生弑师事件，微信视频中高二学生在校门口殴打母亲事件，云南大学的马加爵杀害四名室

友事件。接着，我问大家：这三名学生的"人生智慧"如何？由此，展开了10分钟的专题讲评，其间，学生互动频繁，效果很好。

长期坚持以"丰富你的人生智慧"为主题进行班级讲评，违规违纪现象会越来越少，教师的威信会越来越高。

锦囊42　发挥眼神的威力

【应用时机】

考场上，学生跷二郎腿、敲桌子、故意咳嗽。

【用法解析】

老师的威信，可以用眼神表现出来。比如，正常上课时，你的一个眼神就可以制止学生的违纪；考试监考时，你凝神对视，便能吓止学生的舞弊行为。

【实战案例】

眼神的较量

有一次高考监考，我和搭档刘老师抽签抽中了（文科）体育01考场的监考。

抽签现场，有的老师长吁一口气："总算没抽中体育生的考场。"从个别监考老师的反应便可看出，这个考场的监考难度是非常大的。

来到考场，我开始思考监考对策。既要为考生服务，又要防止他们违背考场纪律。我并不担心他们舞弊，因为舞弊处分对学生有着不可置疑的威慑。我担心的是，大声咳嗽、肆无忌惮地聊天、无聊地敲桌子等。这样的违纪，怎么处理？不能大声呵斥，不能把他们请出考场，必须讲究方法，拿捏好分寸。

很快，考生进考场了。和其他考场的考生不同的是，他们不是安安静静等着发考卷，而是有的同学把裤腿捋得老高，有的跷着二郎腿，有的嚼着口香糖……总之，丝毫没有考试前的紧张。

在发放答题卡之前，考点的主考已两次进入这个考场，省级、市级巡视员各来考场视察一次。此时，我感到压力山大。

很快，我便决定：用眼神制止他们的聊天、故意咳嗽等行为，保证良好的考场秩序。

一、对视

对视，让学生躲避我的目光，对我产生心理上的敬畏。

从发放答题卡铃声响起，坐在第三纵条第三个座位上的一名男生便一直看着我。我知道，他在向我示威，我必须接受他的挑战。于是，我也用冷静的目光看着他，一直到他收回视线为止。第一次对视足有 4 分钟吧。此后，他又多次用眼神向我挑衅，但他和我对视的时间越来越短，直到最后，他的目光一接触到我的眼神，便飞也似的逃避。

二、凝视

用眼神搜寻没有认真答题、睡觉、摇晃课桌的考生，一旦发现目标，立马凝视着他，直至他发现我在看他，并躲避我的目光为止，使他对我产生畏惧感。

三、用手指指摄像头

有一名考生，胆子似乎特别大，总在大声咳嗽，时不时用夸张的动作伸懒腰。对这个同学，我的对视、凝视似乎都没有多大作用，整个考场中，他最顽固。

在多次对视未能产生良好效果之后，我增加了一个动作：与其对视时，冷冷地、轻轻地用手指指考场上的监控摄像头。起初，他不明白我啥意思，在我第三次与其对视并用手指摄像头时，他顺着我的手看过去，不禁低下了头，他的眼神开始逃离我的视线。

……

终于，高考最后一科顺利结束。

而我，对眼神的运用则有了新的心得。眼神既可以让同学如沐春风，也可以让同学如坐针毡。久而久之，我在学生心目中的形象也变化了，孩子们对家长说：我们的班主任很少发火，但我们有点怕他，他的眼睛很厉害，会说话。

锦囊43 首次交锋，务求完胜

【应用时机】

首次和违纪学生交锋。

【用法解析】

接手新的班级后，首次与违纪学生交锋，务求完全胜利；与"刺儿头"的第一次违纪交锋，也要务求完全胜利。这样，调皮生便觉得你很有威信，会增强自我约束力。

【实战案例】

"经我允许后再进教室！"

我曾经中途接手802班的语文教学。

在该班上第一节课时，我发现有两张课桌空着，便沉下声音问："谁是值日生？怎么还有两名同学未进教室？"

"老师，我是值日生，我叫陈冬。未到的两人，一个叫程明，一个叫荣光,大概是上厕所后还没来得及回教室。"值日生站起来回答道。

"希望所有人上课不要迟到,这绝不是我们班应该有的学风。好,我们开始上课,请大家翻开课本……"

就在这时,我左眼的余光看到有人进教室了。抬头一看,一名迟到的同学正走向他的座位。不对啊,学生不喊"报告",不经老师允许,就这么径直回到座位?我不由得放下了书本,严肃地说:"这位同学,你怎么回事?迟到后不喊'报告',不声不响地进教室,哪来的规矩?"

"我喊'报告'了。"他望着我,用一种无所谓的语气对我说。

我一愣,怎么可能?我没听到有人喊"报告"啊。"他喊'报告'了吗?"我问全班同学。

多数人望着我摇头,有几个同学脸上挂着怪异的笑。

我心里一激灵,这是在向我叫板吗?

"不管你有没有喊'报告',我没让你进教室,你便不能进来。"我严肃地说,"请你出去!喊'报告',经我允许后再进教室!"

该同学极不情愿地走出教室,到了走廊。可是,我却没有等来他的"报告"声,反而听见走廊里有人讲话。出去一看,走廊里变成了两个人。哈,果然是在向我叫板。

"你们两个,报上名来,然后告诉我为什么迟到。"我用手指着他们,严厉地说道。

"我叫程明,我上厕所去了。"刚刚出去的那名同学说。

"你叫荣光,也是上厕所去了吧?"我对另一名同学说。他摸了摸脑袋,不好意思地说:"是的,我和程明一起去的。"

"按规矩,先喊'报告',经我允许后,进教室上课!"我望着他俩,面无表情,不容置疑地说。

……

我想,面对802班学生的首次叫板,我应该过关了。

由此,我进一步想到,和调皮生的第一次交锋同样非常关键,他们会在第一次交锋中试探老师的风格,试探老师的容忍度,甚至想方设法试探老师的底线。老师也要利用第一次交锋了解学生的性格和品行，让学生知道什么事儿是不能做的，若是做了会有什么后果。

当然，老师决不能为了追求"完全胜利"，而采取过激的言语，出现过激的行为。

锦囊 44　重新来过

【应用时机】

学生言行举止极不规范。

【用法解析】

发现学生的行为习惯严重失范，极其不雅，影响班级风气时，现场制止，立即纠正，督促其按正确的方式重新来过，逐步规范。

【实战案例】

退回去，重来！

若条件允许，言行不规范的，应督促学生重新来过。

学生小辛，七年级开学第一个月，总是不能好好走路。

上课铃响后，我已经开始上课。

"报告！"小辛突然在教室外喊道。

"进来！"我转头望向他，说道。

只见他双手伸直向前，平举于胸前，一步三蹦地走向座位。这动作，有点像电影中的"僵尸"。靠近课桌时，他双脚在地上发出"呼呼"的响声，双掌拍向课桌，发出更大的"啪啪"声。刚刚酝酿起来的课堂氛围惨遭破坏。

这种表现，对于良好的班风班纪是有害的。

如何更好地教育他呢？我的措施是重新来过。让他马上以正确的方式，用正确的步伐、手势、表情、语言重新来一遍，引导学生不断进步，健康成长。

当他再次以"异样的姿势"进教室时，我立刻用双手作出暂停的动作，让他停下。然后一脸严肃地告诫他，这样破坏了课堂氛围，必须好好走路，必须重来一遍。接着督促他退回到教室门口，重来！

遇到他快速跑向教室，并在教室门口紧急刹车，靠惯性滑进教室时，立即叫住他，让他原路后退10米，重新来过。直到他不慌不忙地、镇定从容地走进教室，才算合格。

看到他一跃而下，一步下三个台阶，情况危险时，立即制止。让他回到台阶起点，重新来过，一步一个台阶，逐级慢慢地走下去。

看到他在人群中快速穿行，偶尔拉一下同学的衣服，然后再扯一下另一个同学的书包，或者猛地推一下其他同学，我会立即制止，让他返回，重新来过，跟在人群后面缓缓前行。

上课发言时，他机关枪式的吐词，让人听不清是在说啥。我立即制止，让他停下来，重新来过，再说一遍，直到吐词清楚，语速正常，大家都能听明白为止。

……

总而言之，一旦发现他吐词不清楚，说话不顺畅，或者动作有危险，行为不规范等，立即制止，予以纠正。渐渐地，小辛同学的言行举止大为改观，小毛病越来越少了。

锦囊45　一矢中的

【应用时机】

面对老师的批评，有人总是找借口逃避过错。

【用法解析】

我常常用委婉的询问式语言批评学生，如："你在讲什么啊？"但这种问法却给了学生一个逃避或找借口的机会。

"一矢中的"，强调用肯定质问的语句，直击学生的错误，不给学生逃避或找借口的机会，比如："请不要讲话，认真听讲！"

【实战案例】

换一种说法

小吉是新转来的学生，主要问题是：从不反思自己的问题。无论是和颜悦色的提醒，还是友好和善的批评，或是声色俱厉的指责，他都会找到借口，逃避过错。

一次中午自习时，小吉与后面的几个同学讲话，声音较大，干扰了教室里的秩序，于是值日生把他的名字写在黑板上了。

后来，我把他找来了解情况："小吉同学，午自习你在讲什么？"

小吉抬起头，望着我，但眼睛一对视便闪躲开了。他说："我在讲值日生的错误，值日生也迟到了，但他没把自己的名字写在黑板上，我和后面几个同学说的就是这事儿。"

他的话，完全经不起推敲。明明是因为他讲话值日生才记了他的名字，但他转移了话题，还撒了一个谎，真是……

全校七年级学生朗诵比赛时，坐在评委席上的我，几次回头都发现小吉站在第七排第二个座位和别人闲谈，讲了约20分钟。但我是评委，不能轻易离开评委席。待赛程中穿插教师朗诵节目时，我来到我班位置附近，远远地看着他。果然，他发现了我。意外的是，他竟径直向我走来。

"你老站在那里讲什么？"我平静地问。

我话音刚落，他马上说："那个同学没经我允许便坐了我的位置，我在和他说这事。"他说话时眼睛并未看我，似是说完话便要从我身边走过，向别处去。我便问道："你现在到哪儿去？"他边走边说："我上厕所去。"

有了太多这样的经历之后，我决定改变过去的询问式批评警醒，换一种说法，一矢中的，直击学生的过错，不给他辩解的机会。

一次语文课时，小吉、小程和小龙迟到了，他们喊"报告"后，我没有立马让他们进教室。一般情况下，我会把正在讲授的那句话，或正在讲授的一小节内容讲完后，再让迟到的学生进来，也借此对他们略施薄惩。

然而，这次我却听见小吉在教室门口和小程说着什么，不得不停下来，严肃地说："小吉，站在外面还讲话，像个什么样子？"

他转过身来，张口就想辩解："老师……"然而，他最终没有说出来，因为我已经直接指出了他的错误，并没有让他"自己陈述问题。"

如此，对他的批评教育变得简单多了。

一矢中的，一是指出了错误的根本，批评更加严肃；二是避免学生就讲话内容自圆其说；三是迅速结束对偶发事件的处理。从而促使学生默认自己的错误，立即停止违纪行为。

后来，我把这种方法推广到其他违纪事件的处理上：

遇到学生瞻前顾后，我会大声说道："××，请转过身来，坐正！挺直！"

遇到语文课上做英语作业的，我会直接告诫："××，收起你的英语作业本，认认真真上语文课！"

遇到学生上课下五子棋，我会直接制止："××，把五子棋交给我，快！"

遇到学生上课打瞌睡，我会敲敲他的课桌并大声说："××，请站起来，罚站5分钟，赶走你的瞌睡。"

……

锦囊 46 强力制止

【应用时机】

学生情绪激动，行为不当。

【用法解析】

学生明明懂得是非对错，却仍不依正理行事，一哭二吵三闹，用不恰当的方式表达诉求，希望借此迫使别人让步。在这种情况下，老师要果断行动，坚决制止其不当行为，维护纪律的尊严，维护教师的尊严。

【实战案例】

夺过他手里的凳子

这天是编位的日子，按照惯例，编位按照既定方案进行，由班长组织实施。

我班上的座位是以小组为单位逐次轮换的，每组六人，每次编位都是小组整体移动，小组内部的编位，则由小组长负责。

为应对编位过程中出现的不愉快事件，整个中午，我都在办公室里。13:40，学习委员小召急匆匆地来到我办公室："周老师，周老师，您快来一下，小桐不满意自己的编位，拿自己的凳子砸自己的课桌，课桌被砸坏了。"

小桐是学习优秀生，每次大型考试都是班上前 5 名，年级前 20 名。在家里，他是三代单传，爷爷奶奶对他很是娇惯。

"你知道具体原因吗？他有没有和组长吵闹？"我边走边问小召。

"他觉得组长不应该让他一个人单独坐，可是小桐所在小组只有 5 个人，总有一个是单座（如下页图右上角第二排的单座）。小桐一直在那自顾自地说

'凭什么！凭什么！凭什么！……'边说边砸自己的课桌，好可怕！"

```
o o   o o   o o │ o o
o o   o o   o o │ o o
o o   o o   o o │ o o
              ──┘
o o   o o   o o   o o
o o   o o   o o   o o
o o   o o   o o   o o
```

赶到教室时，小桐还在砸，课桌已不成样子了。

"小桐，别砸了，有什么事儿跟老师说！"我大声制止他的动作。他抬头望了望我，约莫10秒钟后，他又砸了起来，边砸边说"凭什么！凭什么！"

这10秒钟的停顿，可能是一种等待：希望我为他做主，帮他调整座位。见我没有替他做主，又开始砸了起来。也可能是观察老师的反应：老师不批评我，我便继续砸，争取老师的倾斜措施。

眼见他又砸了起来，我强势起来，突然伸手，握住了他砸下来的凳子，一把夺了过来，放在地上。然后握住他的手，不容反抗地牵着他朝办公室走去。

来到办公室后，小桐稍稍平静了些，坐在我旁边委屈而小声地哭泣着。

我给家长打了电话，让他们马上来校。孩子的家离学校仅一墙之隔，他们很快就来到了我的办公室。了解情况后，家长反过来安慰我说："老师，您别担心，孩子不会有问题的，他以前有过这种表现，一会儿就会好的。"

我一时无语，不知是该为家长安慰我的话而高兴，还是该为孩子处理问题的方式而担心。进初中一年多了，我和家长之间的交流挺多，也挺顺畅，可家长从来没有把孩子的这种特殊表现告知于我。今天，我得当着孩子的面把问题挑明。

"小桐家长，今天，我想和你探讨一下特殊情况下孩子的教育问题。初中生应该很懂事了，凡事都离不开一个'理'字，凡事都得讲理。类似今天这种情况，发生在学校，老师必须强力制止，发生在家里，家长也必须强力制止！"

第三章

智慧处置异常情况

面对学生的异常情况,
要心怀大爱、智慧处置。
这是班主任的一场别样的修行。

第一节　严格要求

锦囊 47　站直了，就坐下

【应用时机】

站不直，没站相。

【用法解析】

极个别学生，完全没有生活规矩。我们要惩戒与鼓励并行，使其及时改变，逐步转化。比如：缩短罚站时间，激励学生站正站直，保持应有的站相。

【实战案例】

站直了，就坐下

前一天的作业竟有六人未交，我决定在语文课上让他们罚站10分钟。按照我的要求，六人纷纷站了起来。

然而，其中还有一个他——小乔。因为小时候的教育没跟上，小乔站着没有站相，坐着没有坐相。他站起来后，弓着个腰，肘关节呈30度，上半身几乎是趴在课桌上的。而且，他还不断用左脚轻轻踩踏地面，发出"扑扑"声。我知道，只要有他站着，这声音就不会中断。等会儿，他又会改用脚后跟敲地，或用脚轻轻踢凳子，不是他不服管教，真的是习惯使然。

今天，我决定用缩短罚站时间来激励他保持应有的"站相"。

罚站 2 分钟后，我让两名站得最直、站相最正的同学先坐下，并告诫其余四人：大家知道我为什么让他们坐下吗？因为他们站得直，站得正，站有站相。只要大家都有站相，我立马就让你们坐下。

2 分钟后，又有两名同学坐下了。我再次激励尚未坐下的两人：站直了，就坐下，我相信你们能做到！

终于，除了小乔，其他五名同学都已坐下了。我望向他，向他投去期待的眼神。

此时，他的站姿已经发生了变化，虽然还是没有站相，双手撑在课桌上，但肘关节直了起来，腰也没那么弯了，比起先前，已有了很大变化，双脚再没有踢踏之声，再没有发出异样的声响。

我立马表扬他："小乔进步最大，你站立的姿态已发生了根本变化，只要你端端正正站上 2 分钟，我立马让你坐下。"

片刻后，小乔的腰板直了起来，双脚靠拢了，双手离开了桌面。

我不由得长呼一口气，由衷地表扬他："你终于端端正正、安安静静地站了一回，我为你点赞，相信你以后会越来越好，越来越好！"

锦囊 48　全场紧逼

【应用时机】

课堂上故意"呵呵"连声。

【用法解析】

关注重点学生的不良表现，"全场紧逼"。发现苗头后，立即请他发言，或安排他做别的事儿，转移其注意力，阻止其不良表现。

【实战案例】

陈龙同学，请你发言！

"全场紧逼"是篮球术语，是指全场实施人盯人的防守战术，阻止对方趁己方疏忽快速进攻得手。课堂上，运用此法可阻止学生的故意违纪。然后"反守为攻"，点他起来回答问题，让学生意识到自己的问题，并逐步改正。

新的一年，我在学生管理方面的风格发生了很大变化：不再板着面孔，不再厉声呵斥，不再边讲课边拍桌子。总是笑着面对学生，总原谅学生课堂上的小过错，总是耐着性子面对学生的冒犯，总是……

于是，陈龙同学便忘乎所以了，常常故意发笑，逗着别人一起哄笑。

起初，我不是太在意，但他此种表现却越来越泛滥：窗外有鸟飞过，他"呵呵"一笑；同学发言有错，他"呵呵"一笑；同学有精彩提问，他还是"呵呵"一笑……他的表现已开始影响课堂氛围了。

我得管管他！

怎么管？我的办法是全场紧逼，反守为攻，即动员所有任课老师参与对他的教育。在他有可能发出哄笑声之前，向他提问或请他做事儿，不给他哄笑的机会。

前天语文课上，我要求同学们仿照例句"老师您不是建筑师，却构造着我们知识的大厦！"仿写一句话。李晗同学发言："您不是画家，却勾画着我们未来的风景！"

李晗话音刚落，我便用高昂的声音说道："陈龙同学——"继而用柔和的语气说，"你来评价一下李晗的答案"。

有的同学露出会心的笑容。陈龙也心知肚明，尴尬地收起"灿然"的笑意，把刚要发出的"呵呵"声收了回去，然后有模有样地说："这个，这……"

"坐下吧，要认真思考问题哟。"我迅速结束与他的互动。

此后，连续使用此法阻止他的不良表现。走廊里有人大声说话时，我连忙用高昂的声调点他的名，然后用柔和的声音说："请你给我帮个忙，到办公室去把作业本抱来。"同学不小心把书本掉到地上,他正要起哄时,我赶紧大声喊他:"陈龙同学,请你把这个自然段给我们朗读一遍。"……

这就是全场紧逼。就像篮球比赛时,不给对手半点机会,阻止对手发起进攻,并反过手来,主动出击。就这样,不到两个星期,他惯于起哄的毛病基本改掉了。

锦囊 49　让昨日重现

【应用时机】

学生违规违纪后。

【用法解析】

犯错后写说明书时,要求学生用生动形象的语言再现违纪原因和错误表现,然后师生共读,边读边指出错误实质,提出改进建议,可以达到更好的教育效果。

【实战案例】

自我反思,要重现违纪细节

小程是我中途接手所教的学生,他很聪明,成绩也好。

但他可以说是最不守纪的人。主要表现是:上课好动,不住地左顾右盼,不住地和同学说闲言碎语;不按时交作业,即使做完了也不按时交,你问他原因,他总是说"我还没来得及交""科代表收作业时我不在教室""我还有一点点没做完""老师,我马上就交给您"……

我对他有些失望,但他是我的学生,总得想个法子帮帮他。

于是,我好言相劝、冷漠相对,我罚站、罚跑、罚劳动,甚至请家长,能想到的法子，我都用了，遗憾的是，收效甚微。

一次，办公室同事王老师在看学生违纪说明书时，忍不住哈哈大笑。我忙把那份说明书借过来看。原来，写说明书的学生绘声绘色地描述了他迟到的原因，生动形象，让人忍俊不禁：

我决定洗完澡再去上晚自习。可当我从洗澡间出来，却发现寝室里一个人都没有了，便出了寝室到了走廊，希望能发现一个尚未离开的人，与我为伴。结果，同伴未找到，竟顺手把寝室门给关了。我被反锁在门外，我还没有穿衣服呢！全身只有一条裤衩，连出门打电话求援都不行啊！实在没办法，硬生生旷了一个晚自习。唉，我真是——

看着这份说明书，我灵机一动：这样的说明书不但有意思，还如实再现迟到原因，学生的认错态度、心理感受都蕴含其间，真是太好了！何不要求小程也绘声绘色地描述他的违纪表现呢？

下面是他写的关于坐姿不正的说明书：

难怪同学笑话我，老师批评我，我的坐姿确实奇葩得很，千年难得一见。有时候，我把脚放在书箱上（因课桌抽屉太小，装不下太多的书，大家便买来一个塑料箱子，放在课桌下面装书，称其为书箱，可如此一来，搁脚的地方便很窄了），两只膝盖高耸着，比桌面还高。这个样子，很不舒服，时间长了，就要换一种姿势。有时候，我转过身子，面向走廊，侧身看黑板，扭头看老师。还把腿长长地伸到走道里，这个样子好舒服。有时，我还惬意地把双肘分别搁在我和后面同学的课桌上。这姿势，这扮相，太随心所欲了，实在是有碍观瞻，有伤大雅，让人不敢直视。

小程同学写完之后，我和他一起"阅读欣赏"，边读边指出学生的错误，分析错误的核心，提出改进建议。这个过程中，我和学生表现得很轻松，没有丝毫沉重感，于轻松愉悦中完成了对学生的教育。

借用一下卡伦·卡朋特经典英文歌曲 *Yesterday Once More* 的中文名称，这种生动再现错误原因和错误表现细节的说明书，就叫"昨日重现"吧。

锦囊50　止住"和声"

【应用时机】

书声琅琅中出现异样的"和声"。

【用法解析】

暂停授课,借助音乐知识——"和声",让全班同学明白课堂上的杂音是一种干扰,是一种破坏,从而严正警告,消除杂音。

【实战案例】

傻傻的杂音

止住"和声",即止住课堂上多余的杂音。

刚刚结束的第二节语文课上,有一个师生齐读《与朱元思书》的环节。齐读过程中,我隐隐约约听到了某位同学异样的声音:众人齐读某一句的声音刚落,他便把这句最后一个字复读一遍。

不用调查,我知道是他——刘强,他有"接鸡下巴"的毛病。

"接鸡下巴",本地方言,指别人说话时,不经人允许,小声应和,接着往下说;或者在别人说话的同时用异样的声调应和一声;或者针对别人说话的内容,紧随别人的话音,作调侃式、嘲弄式评价。

作为老师,我虽然对这种声音司空见惯,却依然很讨厌这种声音。

只是,我得隐藏住我的情绪,不随意表露出愤之、怨之的情绪。因为毕竟是在课堂上,因为我是老师。

彼时,我决定演一出戏:在课文还没有朗读完时,突然让同学停下来,"同学们,我刚才听到了'和声',一种异样的'和声',你们知道什么是

'和声'吗?"

音乐科代表举手回答说:"和声,就是在主旋律之外,同步出现的副旋律。"

"音乐上的'和声'是给人美感的,可是我刚才听到的却没有美感,好像音乐会上发出的另类的傻傻的声音。"说到这,我突然"哈哈"笑了起来,然后说,"对不起,一想起刚才听到的傻傻的杂音就想笑,哈哈……"

此刻,我分明看到了刘强尴尬的神色,我想,已不用再批评他了,他已经认识到自己的错误了。

"我想,大家都不需要如此的'伴奏音',请你好好读书,止住你的杂音!"说到此处,我顿了一下,然后继续说道:"请大家接着刚才的朗读进度,继续朗读课文。"

锦囊 51 请再快半拍

【应用时机】

学生慵懒散漫,上课时总找不着学习资料。

【用法解析】

老师、家长协助学生分门别类摆放各类物品和学习资料,现场演练找寻速度;组建由老师、家长、同桌组成的监督小组,共同努力,帮助学生改掉慵懒散漫的毛病。

【实战案例】

快点,再快点!

周聪同学,总是跟不上节奏,总是比别人慢。

一段时间以来，一个意愿越来越强烈：一定要让他再快半拍，一定要督促他加快速度，跟上全班同学的学习节奏。

昨天第一节课，课上到一半，我突然发现周聪在抽屉里翻找什么，于是走向他，问道："周聪，你在找什么，怎么了？"

"我……我在找语文书。"他挠挠头，边找边说。

"上课已经十多分钟了，你还在找书！这怎么行？"我有些愠色。

……

我不由得想起一件类似的事：

那次，我一进教室便提出要求：请大家赶紧复习第三课的重点词语，两分钟后，我们来听写。

然后，同学们便开始了复习准备，但是，周聪却这里望一下，那里望一下。见状，我提醒道："周聪，赶快准备，我们马上听写。"

他"嗯"了一声，忙去找语文书。

过了一会儿，我让语文科代表报听写时，竟发现他还在抽屉里找，便问道："周聪，难道你还没有找到语文书？"

"不，我在找听写本。"

直到听写结束，他也没有找到听写本……

今天，又碰到这种情况，我决定给他来场头脑风暴，好好帮帮他。

首先训练他合理摆放学习资料。周聪之所以慢半拍，症结在于不会收拾东西，各科教材、各种笔记本、各种作业本、文具等，总是随手往抽屉里一放，需要时便从中寻找。这种摆放方式，任谁也不能快速找到所需的东西。

中午，我请来了周聪的妈妈，请她和老师一起协助周聪分门别类地摆放各种书本资料和学习用具。我们预先设计好"摆放方案"，然后再依计而行，最后现场演练找寻东西的速度。

经过一个中午的努力，较好地解决了这个问题。

其次是改变他慵懒散漫的习惯。

我和家长一起严肃告诫孩子：要不断告诉自己"快点！快点！再快点！

不然就掉队了！落伍了！滞后了！"

同时，要求家长督促其加快生活节奏，起床、漱口、刷牙快点，再快点！穿衣、吃饭、走路快点，再快点！

请同桌时时提醒他：尽快告别散漫慵懒的陋习。

锦囊 52　别自欺欺人

【应用时机】

作业弄虚作假。

【用法解析】

学生用涂改液涂掉以前的评语和分数，拿以前的作文来应付老师。遇到此种情况，要严正告诫学生："以前的作文，你换个马甲我也认识！"

【实战案例】

"换个马甲我也认识！"

学生作业中，偶尔会出现自欺欺人的现象——

批改作文时，发现珊珊的活页纸上到处是涂改液留下的白色痕迹。凭经验，我知道，这是过去写的作文，涂改的痕迹是原先老师写评语、写分数的地方。

类似现象原来也碰到过，只是觉得这孩子太幼稚，并未特别重视。

一天，我不经意地向办公室同事讲述"珊珊的作文"事件时，同事的一句话让我产生了极大的共鸣。

年轻的王老师随口说了一句："老周啊，这个同学太低估你的智商了。换个马甲你照样认识！"

"哈哈——哈哈——"其他同事都会心一笑。

突然，我灵光一现，虽是脱口而出，却是教育"金句"。何不拿这幽默的"金句"教育学生？

于是，我找来了珊珊。"这作文是先前写的吧，对你的这篇作文，我的印象深着呢！"我边说边用批评的眼神看着她，"你以为用涂改液把我写的评语、分数涂掉，我就不认识了？告诉你，换个马甲我依然认识！"我用更加严肃的目光逼视着她。

渐渐地，珊珊的头低下去了，而且越来越低，越来越低。

"你是在骗自己，也是在骗老师，而且，骗术低劣，一戳就穿，不，是不戳就穿，你也太低估老师的智商了！"

可能是我的这套说辞太过犀利，珊珊紧咬嘴唇，低着头一言不发。

"以后，别再做这等傻事了。"我改变了语气，用温和的声音说。

"嗯。"她捂着嘴轻轻地回应。

……

为防微杜渐，我又利用讲评时间向全班同学强调了这个"金句"："……有的同学请别人代做作业；有的同学把别人做的作业拿过来，涂掉别人的姓名，写上自己的姓名；有的同学把上次写的作文拿来，用涂改液涂掉我写的评语、分数，然后交上来；有的同学在陈述迟到的原因时说'我上厕所去了'；有的同学在作业本上仿家长签字（为了保证学生作业质量，任课老师往往会要求学生把做好的作业交给家长检查并签字）；有的同学大庭广众之下打了人，一转身他就不认账……这林林总总，是你太自以为是，还是低估了老师的智商，还是纯粹自欺欺人？"最后，我略为顿了一下，接着说："今天，我郑重告诫有关同学，别再低估老师的智商！别再自欺欺人！换个马甲我也认识！"

锦囊 53　让男孩成为男子汉

【应用时机】

男生太娇气。

【用法解析】

对于非常娇气，一有事儿就哭哭啼啼的大高个男生，我们要厉声喝止他的"涕泗横流"，并严肃告诫："你，要像个男子汉！"

【实战案例】

男人要有男人样

有的学生身高虽然已达一米七五，却由于种种原因，没有一点"男子汉气概"，特别娇气。遇到这类学生，我们要强化其性别特征，告诫他们要像个男子汉。

张老师是我的好朋友，我们经常在一起讨论学生成长中的疑难杂症，多次商讨小鲁的教育问题。

七年级的小鲁同学，身高一米七五，非常魁梧。但他有一个显著缺点：一有什么事儿，便装着一副委屈样儿，带着哭腔诉说，"您听我说哦，我……我刚进教室……我的手呢，就受伤了。"

若有事件关联者在场，他会更加激动，那是一种带着哭腔的咬牙切齿的冲动。那"一把鼻涕一把泪"的表情和神态。仿佛一个幼儿园的小朋友受了莫大的委屈后突然见到家长时的样子，让人觉得他的心理年龄很小很小，与他的实际年龄、身高极不协调。

两个星期前，即 5 月 8 日的课间操，我正在办公室改作业，又听到了隔壁办公室里传来小鲁带着哭腔的诉说，时不时还传来一位年轻妇女的声音，我判断，一定是他妈妈到学校来了。很快，第三节课上课了，而小鲁带着哭腔的诉说还在继续……

渐渐地，我的情绪受到了小鲁的影响，心里很不是滋味，有一种想要过去制止小鲁的冲动。开始时，我努力克制着，心想，孩子妈妈也来了，就算我和他班主任关系好，也没有必要去插手。

可是，这没完没了的带着哭腔的诉说终于让我忍无可忍，我站起来，走出办公室，来到七年级教师办公室门口。此时，现场只有小鲁和他妈妈，张老师肯定是上课去了。

我张大嗓门，对着小鲁严肃地说："你看你，这么高个儿，比妈妈还高一大截，为什么不好好说话？人家老师们要办公，教室里的学生要上课，你没完没了带着哭腔诉说，让老师们怎么办公？让同学怎么上课？你，是大男人，要有男人样！"

突然出现的喝止声，让小鲁愣住了，带着哭腔的诉说声戛然而止。而我，也没有再说更多的话，返身回到了自己办公室。

一天早上，我和张老师一起上班，讲起小鲁，张老师对我说："周老师，你那次不经意的厉声喝止，居然产生了奇妙的效果，这两个星期以来，小鲁再也没有带着哭腔诉说了。"

第二节　柔性处置

锦囊 54　向学生示弱

【应用时机】

碰到作业钉子户时。

【用法解析】

放下身段诉说老师的难处：老师督促学生做作业是老师不得不做的事，学生不做作业有故意为难老师之嫌。

【实战案例】

我向学生倒苦水

劲松是作业钉子户，几乎什么作业都不交，任课老师伤透了脑筋。上个学期，我先后请了两次家长，近 30 次私下批评，十多次当众提醒，可他依然不交作业。难道真的没办法改变他吗？

今天，我换了一种方式，放下身段，以柔克刚，效果非常好。

我的具体做法是：

一、示弱

我把劲松请到办公室，让他坐在我旁边，与他促膝谈心，向他倒苦水："你不交作业，我不能不管啊。不然，全班学生都不交作业，不就乱套了？

可是，你总不交作业，一点面子也不给我，我真的很为难！你知道吗？你是让我下不来台啊！被逼无奈之下，只好对你'出手'！当众批评也好，请家长也好，我真的不愿意这么做。回顾你我之间师生的种种经历，我自认不曾故意为难过你。可你，为何老是不做作业，老是要为难我呢？我不痛快，你就好过啊？"

这样的谈话，以后，我会经常开展，我会以不同的方式表达同样的意思。

二、关心

劲松身体素质不是很好，时常头疼脑热，感冒发烧。今天早自习，我发现他的精神又不是很好，便用手摸他的额头，好烫，果然病了。我真诚地关心他的健康状况，说："劲松同学，脸这么烫，生病了吧？走，我陪你到医务室去看医生。"

来到医务室，校医很快诊断出病情："感冒了，不过病情不重。从现在开始，要全天候戴口罩，多喝水，注意休息。"我马上给家长打电话，告知孩子的病情和校医的诊断。

三、请家长

为了让家长详细了解孩子的病情，也为了和家长一起讨论孩子不交作业的事儿，我请家长来学校一趟。

这次请家长，我思考周密，分三步完成：

第一步，表达"迫不得已"之意。我对孩子说："之所以请家长来，是因为家长才能决定要不要去医院治疗。还有，你老是不做作业，老是让我下不来台，我得同家长交流一下，希望你有思想准备。"

第二步，汇报学生的进步。我对家长说："家长啊，孩子很坚强，实际上他早上上学之前就感冒了，却仍然坚持上学，值得表扬。他的课堂纪律也有进步，近段时间，没有发生干扰课堂秩序的事儿。特别值得一提的是，他还经常帮助老师，我的U盘忘在教室了，水杯忘在窗台上了，教材忘在讲台上了，都是他送还给我，我非常感谢他！"

第三步，让学生自己表态。当着家长的面，我对孩子说："只要不是重感冒，不治也不要紧，慢慢会好的。但是，不做作业的毛病若是不治，会影响你的前程，这可是一辈子的事儿。今天，你得表个态，作业的事，打算怎么办？"

终于，学生的态度松动了，他望着我，真诚地说："老师，有的作业我不会。"

"能不能完成一部分作业？"我顺着他的思路说。

"这可以，我能做到！"劲松坚定地说，"您放心，我会慢慢进步的！"

……

向学生示弱，以柔为主，柔中带刚，学生越来越配合老师的教育了。

锦囊55 不点名的公开批评

【应用时机】

眼神警告无效。

【用法解析】

公开批评学生时，只批评现象，不点学生姓名。并告诫学生，老师之所以这么做，是要维护你的自尊，顾全你的面子，希望违纪学生自律自省。

【实战案例】

给学生留足面子

晚自习时，大龙又违纪了，坐在最后一排中间位置的他，不停地朝后门边上的小刘挤眉弄眼——以一种特殊的方式和相去甚远的同学交流着。可能是太过投入，竟没有注意到我已经发现了他的违纪行为。

我较少在课堂上公开点名批评学生。这次也不例外，我没打算公开点名，一是觉得太伤他自尊，二是这样做会打断同学们的自习。但是，这不等于我会原谅他的过错。

开始时，我用眼神警示他，用严厉的目光"凝视"他。渐渐地，部分同学发现了我视线的方向，也把目光投向大龙同学，然而，他依然沉迷于与小刘的挤眉弄眼。没办法，我慢慢走向大龙的座位。

终于，大龙觉察到了情况的异常，停止了他的违纪行为。而我，也慢慢折返回讲台，课堂秩序又恢复了正常。

大约10分钟后，大龙又开始了挤眉弄眼的违纪行为。

面对他一而再再而三的违纪，我得做点什么才行。我暂停了同学们的自习，对大家说："大家停下来，我说个事儿——大家一定要遵守自习纪律，切不可无所事事，不可交头接耳，不可和相距较远的同学挤眉弄眼。就在刚才，有一名同学违反课堂纪律，我用眼神警告，他停止了违纪。可10分钟后，他又故态复萌。这位同学，请你注意，我之所以不点你的名，是顾及到你的自尊，是在给你留'面子'。难道一定要公开点你的名字，你才能停止你的违纪行为吗？"说完这些，我顿了一下，"大家继续自习吧！"

我没有提大龙的名字，但足以引起大龙的高度重视。

在接下来的晚自习中，大龙同学再也没出现类似的违纪行为。

用眼神警示、走近并小声提醒、用手势提醒等，是我们常用的教育策略。实际运用中，要让学生明白，老师这样做是为了给你"留面子"，是为了顾及你的自尊。见到老师的警示后，应立即停止违纪行为，否则便会颜面无存，自尊受损。

锦囊 56　因人而异

【应用时机】

学生对待错误的态度不尽相同，差异很大。

【用法解析】

面对老师的警示、提醒、批评，有的同学很自律，一个眼神就能遏止；有的同学和老师针锋相对，要领导介入他才重视；有的同学屡教不改，非纪律处分不能奏效。

【实战案例】

三个人，三种处理办法

经常听学生抱怨："他也迟到了，怎么不批评他，单单批评我？""他俩也违纪了，为什么要我写检查，不要他俩写检查？""他也开小差了，为什么不罚他站，偏偏罚我站？"

学生的抱怨揭示了一个普通的教育原则——教育措施应因人而异，对不同的学生，要采用不一样的办法。

小林，用眼神警示。

语文课堂上，小林低着头和同桌讲闲话，而她的同桌却没怎么理她。于是，我边讲课边用眼神警示她。她发现我在关注她的时候，立即停止了与同学的"互动"。片刻之后，她抬起了头，望着我，重新进入认真听课状态。

小东，罚站才有效。

过了一会儿，坐在第六排中间的小东也低下头去，像是在座位下面寻找什么东西，其实是在轻声喊旁边同学和他讲悄悄话。小东比较淘气，纪律观念不强，违纪时有反侦查意识，时不时用眼睛瞟我一下，看我有没有关注到他。其实,他刚出现异样,我便发现了,并不时地用眼神警示。而且,他的眼神还多次与我相遇。可是,他并没有停止讲悄悄话。于是,我点了他的名:"小东,抬起头来,认真听讲!"

我的语言警示起到了很好的作用,小东直起了身子,继续听讲。可是,两分钟不到,他又把头低下去了……我和他之间又重复先前的"交锋",又点了他两次名,当然,效果并不好。我终于"忍无可忍",罚他站了起来,这下,他的头再也无法低到桌子下面去了。

小茜,请家长陪读。

906班数学晚自习时,小茜和小雅一直在讲话,而且不是讲悄悄话,是旁若无人、闲庭信步式地聊天。老师多次提醒她俩,她俩不仅不接受批评,反而公开指责老师多管闲事。

数学老师是一位老教师,从未遭遇如此事件,便安排科代表接着讲作业,他则来到小茜课桌跟前,现场监控,希望阻止两人聊天。然而,两人的表现让老师大跌眼镜。小雅一脸厌烦,牵着小茜的手说:"真讨厌,聊会儿天都有人偷听,走,我们出去聊!"说罢,两人径直走出教室,在走廊里继续聊天。

第二天一大早,班主任便请来了家长,要求家长数学课时陪坐在学生身边,保证孩子正常上课。鉴于学生的情况,小茜家长决定每天上午来学校陪读,直到学生取得明显进步为止。

这便是因材施教。有的人自尊心很强,老师看他一眼便能起作用,有的人"抗击打能力"很强,必须实行"剧烈的措施",方能奏效。

锦囊57 和学生一起预设

【应用时机】

学生害怕老师请家长。

【用法解析】

和学生达成共识，请家长不是为了告状，是希望你扬长避短。然后和学生一起预设家长来校的接待方案：老师表扬学生的进步，指出学生的不足，提出殷切的期望；学生向家长表态，改正缺点，追求进步。

【实战案例】

请家长不是为了告状

七年级下学期，我宣布了新的作业管理措施：不交作业达三次者，老师将和家长"亲密接触"——特邀家长来校访问。

孙烨不交作业是出了名的。不到一个星期，就达到了请家长的标准。以前也曾多次请孙烨给家长捎信，请家长来校。可孙烨总是说："我忘记跟家长说了。"找他要家长电话，他说不知道。我明白，他是担心家长来校后，老师向家长告"刁状"，招致家长的批评。曾经有一次，我好不容易请来了家长，家长声色俱厉，在我办公室就要揍人，威胁学生"再不好好学习，给老子小心点！"最后，不交作业的问题依然如故。请家长，向家长告状，把学生批评一顿，不一定能解决问题。想要达到预期效果，得想点别的办法。

我的新做法是：和学生一起预设家长的来访接待。

"孙烨同学，按照我对全班同学提出的要求，你已经三次未交语文作业，要请家长来校访问哟！"孙烨用一种异样的眼神望着我，这是一种埋怨的眼神。

我不理会他的埋怨，接着说："不过，家长来了之后，我该如何接待家长呢？我该和家长说些什么呢？今儿把你喊来，就是要和你商量一下。"

"嗯？"他露出怀疑的神色。

"请家长不是为了向家长告状。既要把你的问题告诉家长，又不能让你受到家长的打骂。我和家长说些什么，你和家长说些什么，都由你定。"我挑明意图。

"我……我……那我得想想。"孙烨埋怨的眼神不见了，"等我想好了，中午来和您说。"看来，孙烨愿意配合我的这次行动。

中午，孙烨对我说："周老师，我想好了，我家长来后，您在说我不交作业的毛病的同时，一定要夸夸我，比如我劳动积极，运动会表现良好。"

"那么，这次请家长后，你不交作业的毛病能改吗？"我适时提出要求。

"只要您不让我家长在办公室里对我发火，我一定改正缺点，力争每次作业都能完成。"

我们商定，家长的来访接待分五步完成：

第一步，孙烨亲自请家长。对家长说："老师有事儿，请你去学校一趟，这次肯定不是因为我违纪。"

第二步，孙烨主动亲近家长。家长到校之后，老师假装去教室巡查，学生在办公室里为家长倒水，陪家长说话，亲近家长。

第三步，老师向家长报喜。老师回到办公室后，向家长表明，希望孩子继续努力，争取被评为"学习进步生"。

第四步，汇报不交作业情况。用委婉的语气报告三次未交语文作业的情况，请家长当着老师的面给学生提要求。

第五步，学生向家长作承诺。

商量好接待方案，孙烨非常高兴，一连数声"谢谢老师！谢谢老师！"

第二天中午，我和孙烨按照既定方案，接待了家长。孩子自始至终态度诚恳，家长自始至终情绪稳定，甚至还说："这次，我总算晓得你小子还是有希望的。"

此后，孙烨不交作业的次数越来越少了。

锦囊58　向领导求助

【应用时机】

酒醉的家长推门而入，来到教室。

【用法解析】

突遇紧急情况时，若老师抽不开身，或者老师无力解决，应及时向学校领导求助，请领导介入，主持善后。

【实战案例】

酒醉的家长闯入教室

昨天晚自习时，教室里突然进来一位家长。他冷不丁地推开教室门，摇摇晃晃地走进教室，来到讲台上。学生的学习活动被迫中止。

此时，时间显示为20:30。

只见他两眼通红，脸颊、脖子都是通红的。凭经验，我知道，这是一个喝醉了酒的家长。

我连忙问："你找谁？你有什么事儿？"

"老……老……老师，对……对不……起，我想找我儿子谈谈。"家长吐词不清地说。

我不能让这种事儿在教室里长时间持续，决定快速把他支走。

"我们正上课呢，你怎么能随意闯进教室呢？这不是干扰课堂秩序吗？"

"我得找我儿子谈谈……谈谈……"

"老师，他是我爸爸。"陈功站起来说。我想起来了，陈功的父母离异，他跟着爸爸一起生活。得知是陈功的爸爸，我不由得多了一份怜惜之情。

"那你和爸爸到外面去谈吧。"我对陈功说。

"家长啊，我们正在上课，你和儿子到教室外去谈吧，我允许他暂时离开教室。"我边说边扶着家长走出教室。

我突然想到，陈功本来就是走读生，家长要和学生谈事，只要再等30分钟就下课了，学生就可以回家了，何必多此一举，提前来教室找学生谈，家长不会对学生有过火的行为吧？然而，我又不能不顾其他学生，怎么办呢？

向领导求援吧！

我拨通了政教主任的电话，请他务必帮忙稳住学生家长。然后我又来到教室门口对陈功说："你爸爸喝多了，你把他扶到政教室去坐会儿，政教主任马上就来。"

下晚自习的铃声一响，我三步并作两步来到政教室，发现邓主任正在接待家长。邓主任见我进来，忙对我说："家长与学生在这里大声喧嚷，甚至还动手打了孩子，幸亏我接你电话后来得及时，不然，孩子怕是要吃亏了！"

原来，儿子当着妈妈的面说了爸爸的坏话，并表示要跟妈妈过。爸爸很难过，也很气愤，晚上多喝了点酒，要找儿子理论理论。

好在邓主任闻声而动，才没造成严重后果。

我和邓主任一直陪着陈功父子，直至孩子妈妈、爷爷、奶奶一起来到学校，才让这对父子离开学校。

此事给我的启示是：如果学生有异常情况，或者家长有异常情况，老师要多个心眼，要确保学生的安全。如果自己抽不开身，没有时间处理，应及时请求学校领导代为处置。

锦囊59 妥协，才能控制

【应用时机】

学生迷上了手机。

【用法解析】

学生好奇心强，虚荣心作祟，拥有手机的欲望非常强烈，很难彻底禁止。若是适当妥协，允许他拥有，但上学期间必须交由家长保存，禁止手机进教室的目的反而容易达成。

【实战案例】

同意学生拥有手机

有一种控制，叫作以退为进。而妥协，是以退为进的前提。

2009年，对刘江手机的控制，我经历了三个阶段的妥协。

一、手机，允许你带回家

那时，教育部尚未正式出台禁止手机进校园的规定，各地各校对于学生带手机进校园的规定各有各的高招。而我，始终认为学生带手机弊大于利，一向禁止学生带手机进校园。

但是，我有政策，学生也有对策。

那次，刘江同学在寝室里玩手机被宿管员逮了个正着。第二天早上，手机交到了我手里，按照学校规定，手机应交给保卫科保管至学期结束。

中午，我把家长请到了办公室。"家长啊，你看看，孩子在寝室里玩手机入迷了呢！"我开门见山。

"不可能啊，我给他配的手机早在两个月前便没收了。"家长肯定地说。

家长如此惊讶，想必真的不知道孩子有手机，于是，我把孩子喊到办公室，想借助家长的力量搞清事情的来龙去脉。

"你哪来的手机？"家长急切地问。

"我……我……我借同学的。"刘江支支吾吾，"还请老师把手机还我，我好还给同学。"

因为我要上下一节课，不得不中断事件的处理，便向家长说明"我马上有课"的情况，建议家长把孩子领回家去，搞清楚手机的来龙去脉，对孩子进行教育。

同时，妥协退让，不再坚持把手机交给保卫科，答应刘江的请求，把手机交给家长带回。

第二天一早，家长和学生一起来到办公室。

家长说："老师啊，怎么也没想到，这手机竟然是他小学同学（现就读于本市某初级中学）于连趁我们家长不在家时送到家里来的。起因竟是于连在手机商店买手机时，钱不够，商家便让他代销手机，以利润抵扣欠款。这手机便是于连推销给刘江的。昨天晚上，我和孩子一起去了于连的家里，把手机退了。"

当天晚上讲评时间，我向全班学生通报了这一事件，希望大家严格要求自己，抵制手机诱惑，绝不向学生代销者购买手机。

二、双休放假时手机还给你

约一个月后，数学老师向我反映："周老师，刘江上课又玩手机了，蹊跷的是，我在他课桌里面却没有找到手机。"历史老师也说："周老师，我有一个很强烈的感觉——刘江上课玩手机了。"

一开始，我有点不信，可是多位老师反映同一情况，应该不会有错。

课间，我把刘江带到教室外面的小树林里问道："刘江啊，你父母终于同意让你带手机了？"

刘江一愣，继而低下头，轻轻地"嗯"了一声。

只一问，便证实了他带手机的事，我继续说道："那我还得找你父母谈谈，他们可是跟我保证过——不让你带手机的！"

"老师，别！他们不知道我又有了手机。"刘江连忙说。

"不告诉家长可以，但你得告诉我手机从哪儿来的。"

"还是那个小学同学卖给我的。"

"能给我看看吗！"

"怕被发现，我放在九年级一个同学的寝室里了。"

"把手机放在我这，双休放假时我还给你。"我再次妥协，没有强调把手机上交学校保卫科。很快，他便拿来了手机，交给了我。

"呵！还是一部 iPhone6 呢！"我赞叹道，"你有错就承认错误，态度不错，孺子可教也！"

三、我同意你拥有手机

在与刘江交流中我发现，刘江背着父母，动用压岁钱请人代购手机主要是虚荣心所致。因此，家长的严厉批评，老师的谆谆劝导，甚至家长到销售者家里去警告人家不要把手机卖给他，都不能阻止他对手机的渴望，不仅如此，他请人代购手机的档次越来越高。

看来，想阻止他拥有手机的难度很大。

那么，他到底用手机干了些什么呢？我决定找他前后左右的同学了解情况。

那天早自习，我调查刘江前后左右的六名同学，把刘江和其他六人同时喊到教室外背诵课文，最先安排刘江背诵，他背完后回到了教室。接下来，我逐一检查其他六人背诵，并逐一打听刘江使用手机的情况……中午，我又以同样的方式向刘江的室友了解情况……

调查情况表明，刘江一是趁老师不注意时向关系好的同学炫耀，二是经常利用手机发短信。

了解到这些情况之后，我再次请来了学生家长，并向家长通报了刘江拥有手机的情况。继而，我和家长商定，允许孩子拥有手机，但上学期间，手机必须放在家长手里。

此后，再也没有发现刘江在课堂上玩手机了。

刘江手机事件，终于以老师的妥协让步而告一段落。

锦囊60　善用迂回之策

【应用时机】

出现师生矛盾、家校矛盾之时。

【用法解析】

批评违纪学生时，和问题学生家长交流时，要竭力避免剑拔弩张、针锋相对。如果矛盾尖锐，班主任要根据沟通过程中出现的实际情况，灵活调控，不断修正方向，不要一条道走到黑。

【实战案例】

学生用石头砸老师脚后跟

2001年11月13日（星期二）中午，某校政教主任覃老师午休巡视校园时，发现八年级学生小华用粉笔在厕所外面的墙上乱写乱画，立马制止："同学，你是哪个班的？太不文明了，这是要受纪律处分的！"

"覃主任，我不过画画而已，不够处分条件。"显然，小华同学是了解学校纪律处分条例的，"学校没有规定在墙上画画就给处分。"

"你看你这态度，态度不好，从重处理！不尊敬老师，不服管教，不给处分行吗？"覃主任针锋相对，边说边向办公室走去。

小华愣了一会儿，从地上捡起一块石头，紧跑几步，猛地向覃老师砸去，砸中了覃老师的脚后跟。他还心有不甘地说："反正你要给我处分，我得够得上处分才行。"

……

这是一个典型的老师与学生针锋相对的案例，最后导致学生报复老师。善用迂回之策，内涵有三：

一、懂得宽容学生

"攻人之恶勿太严，要思其堪受；教人之善勿过高，当使其可从。"教育是潜移默化，是熏陶感染，是为了唤醒学生，而不是为了制服学生、恐吓学生，不能为惩罚而惩罚。我们要懂得宽容学生。

和家长沟通时也要有宽容之心。家长是家中栋梁，有很强的自尊心。我们一定要充分理解家长的做法，宽容家长的错误。

二、懂得迂回委婉

有的孩子经受不得厉声呵斥，便可迂回教育。比如，你声色俱厉地说要请家长来学校，学生不能接受，就应该立即转换方式。

和家长沟通时，更要措词委婉，切不可把学生说得一无是处。要让家长在柔和委婉的交流中理解班主任的苦心，接受老师的意见，采纳老师的意见。绝对不要说"你这娃儿，怎样教的？怎么教成这样儿了！""家长会上，我一而再再而三地讲，你作为家长，怎么就不听呢？""你们家对孩子的教育和学校不合拍啊？"这些话不仅不能解决问题，还可能适得其反，使家长心生不满。

三、懂得适时调控

学生对老师的劝导不服气时，可以换另一位老师和学生交流，或者向家长求援，或者让学生自己谈问题，说委屈，谈解决办法，并予以适当的引导。

家长和老师意见相左时，不要针锋相对。可以先退一步："我承认家长的说法有道理，希望可以引领学生不断进步。"也可以自我解嘲："我的话不一定对，但我的用心是好的，希望优化学生的校园生活状态，优化学生的家庭监管状态。"

如此，与学生交流时，和家长沟通时，向领导汇报时，和同事讨论时，才能张弛有度，进退自如，游刃有余，才不会出现针尖对麦芒的情形。

第三节　智取为上

锦囊 61　"以众治独"的逻辑变式

【应用时机】

少数人的歪风肆无忌惮。

【用法解析】

"以众治独",是多数人对少数或个体实施制约的方式。"以众治独"往往以私下议论的形式出现,或者以大家都不理会的冷暴力形式出现。往往会对"少数人"造成心理上的负面影响,极端情况下,会导致校园欺凌。我们必须时刻警惕学生群体中的"以众治独"现象,一旦发现,及时干预。

但是,"以众治独"逻辑变式却可为我所用:光明正大地宣扬众人的正确观点,压制少数人肆无忌惮的错误行径。

【实战案例】

告别抄袭,拒绝绰号

曾经,班上盛行抄袭作业的歪风。找抄袭者单独谈话,虽然态度很好,但却我行我素;当众讲评,剖析危害,也收效甚微;利用微信给家长发警示短信,学生依然故我。

于是,我运用"以众治独"的逻辑变式,光明正大地宣扬众人的正确观点,压制少数人肆无忌惮的错误行径。

我组织班级议事，要求每个人现场写一则针对抄袭作业现象的评价。10分钟后，分小组交流，然后推荐中心发言人全班交流。

集中交流时，中心发言人义正词严地表达了本组的观点，毫不留情："抄袭是一种欺骗！""抄袭是一种偷窃！""抄袭就是不劳而获！""抄袭是一种歪风！""抄袭是一种懒惰！""抄袭为班规班纪所不容！""抄袭为刻苦勤奋者所不齿！""抄袭为目光远大者所鄙视！"……

这便是"以众治独"的逻辑变式，比老师一言堂式批评更加有效，几个作业抄袭者涨红了脸，低着头，感到从未有过的难堪。之后，抄袭作业现象大为好转。

曾经，班上一度出现了给人取绰号的歪风。我以"尊重他人，拒绝绰号"为主题，组织班级议事。集中交流时，各组中心发言人的发言铿锵有力，掷地有声："给别人取绰号的人，你是不是也希望别人给你取个绰号啊？""喊侮辱性绰号是最不文明的表现！""喊侮辱性绰号属于校园欺凌，应该受到纪律处分！""取绰号是陋习，喊绰号是野蛮！""拒绝绰号，拒绝垃圾语言！"

自此，取绰号、喊绰号现象大大减少，几近绝迹。

需要特别强调一下，我们倡导的是以众治独的逻辑变式，提倡在阳光下遏止歪风的蔓延，公开批评不文明现象，培植班级正义。

要坚决杜绝多数人私底下攻击某一个人，杜绝大家在微信、QQ等社交媒体议论某个人的错误，杜绝都不理会某人，孤立他、远离他的现象。这是真正的"以众治独"，我们必须坚决反对。

锦囊62　打草惊蛇

【应用时机】

违纪后拒不承认。

【用法解析】

当我们不知道是谁在厕所抽了烟时,不知道是谁打碎了消防窗的玻璃时,不知是谁摘了花圃里盛开的鲜花时,可以严肃批评错误现象,打草惊蛇,使犯了错的人内心受到震撼,自我暴露。

【实战案例】

违纪者主动曝光

打草惊蛇,是一种常见的管理智慧,用好了,可以事半功倍。

804班的班主任向我反映,她班上的一名女生举报,我们803班有两名女生在厕所里抽烟,举报信上清楚地写着小蔡、小青两人的名字。

在我的印象中,小蔡是一个不会轻易承认错误的人。曾经,她和另一个女生在走廊里高声尖叫。当时,我就在离她俩5米的地方,不仅听见了,也看见了,便立即大声批评,严肃教育。可不一会儿,小蔡哭了,我以为她认识到了自己的错误,便柔声说道:"下不为例哟!"然后,就离开了。谁知,一节课后,小蔡在另外两名同学的陪伴下来找我,说我冤枉她了,要我在全班重申:刚才发出尖叫声的不是她。我蒙了,不可能啊!和她一起的另一名同学已经现场承认了呀,小蔡怎么可能没有发出尖叫声?可是,同来的两名同学却口口声声证明那尖叫声不是小蔡发出的。最后,经过反复核查,尖叫声确实是小蔡发出的,两名作伪证的同学也受到了批评。这一次,我该如何教育她呢?

我决定就学生抽烟的现象进行一番推理性假设,以此打草惊蛇。

首先,我向全班学生讲述了一个假设案例,让学生明白"我在做,别人在看"的道理。

我说:"同学们,假如班上有人用木棍打碎了教室窗子的玻璃,举报者只说他是咱班的同学,没说他是谁,那么,怎样找出这个人呢?如果我们根据同学们平时的表现来推断'当事人',每人写一个名字,最后按得票多少,确定三名'准当事人'。请问大家,真正的当事人在这三人名单之中吗?请大家先讨论一下，再举手发言。"

经过讨论，大家认为，打碎窗子玻璃的当事人多半就在这三人名单之中，因为大家都不是瞎猜的，是根据大家平时的表现来推测的，虽没有真凭实据，却也合情合理。

然后，我向大家讲述有人举报我们班女生抽烟的事儿，并询问大家："同学们，如果现在让大家猜猜当事人是谁，你们有怀疑对象吗？请大家思考一分钟，确定你的怀疑对象，但不要说出来。"

一分钟后，我问大家："如果我们也进行无记名统计，你觉得最后的结果会是真正的当事人吗？请大家讨论一下。"经过讨论，同学觉得，猜出的人选，十之八九就是抽烟的当事人。

上述讨论发言过程，使犯错者心动神摇。

最后，我强调处理方案：主动承认则既往不咎，查证属实后被动承认则按学校纪律处分。

果然，当事人小蔡、小青害怕了，当天晚自习时，两人以传纸条的方式商议如何向老师撒谎，如何躲避老师的追查，甚至还说要诬告别人。结果，纸条扔错了方向，落到了班长手里，他当即交给了上晚自习的数学老师，事件真相大白了。

不仅如此，第二天早上，女生小慧也来向我承认，她说，很久之前，她在厕所里抽过烟，是九年级女生硬逼着她抽的……

打草惊蛇，果然有用。

锦囊63　一箭双雕

【应用时机】

课堂上违纪。

【用法解析】

一箭双雕，即结合课堂讲授内容来批评违纪行为，既传授知识，又批评警醒。

【实战案例】

"你！别讲话了！"

课堂上，一箭双雕式批评学生，关键词是"结合讲授内容""适时""恰当""批评"。而且，还要让违纪同学心知肚明。

语文课上讲授《列夫·托尔斯泰》时，我引导同学们从课文第7自然段中找出描写眼睛的情感丰富的短语。大家很快就找出了六个短语：柔和的目光、和蔼的笑容、粲然笑意、神奇的星光、热泪涟涟、意趣盎然。

把这几个短语写在黑板上以后，我适时向同学们传授短语的结构知识，要求大家把其中两个短语稍加改动，使所有短语都变成偏正结构。

此时，坐在第三排的晓晓扭过头，开始和后面的牛牛讲悄悄话。从讲话的神情和不太清晰的声音判断，他们并没有讨论我提出的问题，而是借机讲闲话。我多次用冷峻的眼神警示晓晓，但效果并不好。

见我没有明言批评，晓晓越讲胆儿越大，声音亦越来越大。

片刻之后，有同学开始发言："将'热泪涟涟''意趣盎然'两个短语改成'涟涟的热泪''盎然的意趣'即可。"同学在回答问题的时候，晓晓依然在和牛牛讲闲话。

肯定了同学的答案之后，我把偏正短语的相关知识作了精要讲解，然后回顾上节课学的非主谓句，复习巩固。

"大家还记得上节课我们学过的非主谓句吗？非主谓句是由非主谓短语或由单个词语构成的句子。比如上体育课时，老师发令'立正！'，这便是非主谓句。"

讲到此处，我脑海中灵光一闪，决定结合晓晓和牛牛上课讲闲话的具体情形，再举两个类似的非主谓句，批评他俩。

"假如上课时有人在讲闲话,而且没完没了,老师会气恼地用手指着这个同学,严肃地批评他:'你!别讲话了!'"

我边说边用手指着晓晓,语气严厉。

片刻后,我转过身来,在黑板上写下这两个非主谓句:

"你!"

"别讲话了!"

写完后,我继续讲解:"大家看,'你!'是单个词语构成的非主谓句。'别讲话了!'则是非主谓短语构成的非主谓句。"

知识讲解中,从我嘴里说出的"你!""别讲话了!"两句,语气极重,批评的意图非常明显。

终于,晓晓、牛牛停止了讲话。而我,也完成了非主谓句的知识讲解。

锦囊 64 归谬式批评

【应用时机】

学生用别人的错做自己的挡箭牌。

【用法解析】

当学生为自己的错误寻找借口时,顺着他的思路进行归谬,让他认识到自己有多么荒谬,从而达到教育目的。

【实战案例】

她生病了,你也要生病?

那天早上,小强又迟到了,迟到的原因是起床太迟。他 7:50 才起床,起床后,妈妈的批评引起了他的不满,他和妈妈发生争吵,导致上学时间再次延迟，直到上午 9:00 才赶到学校。

除了小强，迟到的还有一人：晓琳。晓琳是因病迟到，上午 10:00 才到校。

课间操时，我找来小强："对于今天的迟到，你有什么要反省的吗？"

没想到，他开口的第一句便是："晓琳不是也迟到了吗？她比我来得还要迟，怎么没见您批评她？"

很明显，这是一个借口，他的逻辑是：她迟到了，你不批评她，我迟到了，你也不能批评我。现在，你放着她不管，单独训我，我不服！

这种对待错误的方式比较常见，几乎每个班都有这类学生。如果不能有效遏止，它会像感冒病毒一样四处蔓延，严重影响班风和学风。

面对小强同学的质疑，我停顿了片刻，理了理思路，用归谬法对其进行说服教育，让他心服口服。我的引导分为三步：

一、归谬

"别人迟到了，你便可以迟到吗？不批评别人，便不能批评你吗？这是哪家的道理？如果是这样的话，她今天早上生病了，到医院去看了医生，输了液，你是不是也应该今天早上生个病，也去看医生，去输液？还有，她运动会 200 米全校第二名，你是不是也应该跑个 200 米全校第二啊？她的语文考了 103 分，你的语文是不是也应该考个 103 分？你看，这理儿能这么讲吗？"

他先是望着我，继而低下了头。我的话已让他感到理亏了。

二、正面引导

"老师关注你也好，批评你也好，不是为了埋汰你，让你没脸见人。相反，是为了让你各方面取得进步：有纪律观念，不要迟到早退；尊敬师长，愿意接受老师的帮扶；热爱学习，将来考上更好的高中。

"希望你以后不要讳疾忌医，不要抗拒批评。你看刚才，老师刚一开口，你就不舒服，觉得老师是在针对你，责怪你，为难你。这种心态是不利于你进步的。"

三、反思表态

"对于今天的迟到,你真的没什么要说的吗?老师期待着你在反思中进步,在自省中提高。"我说到此处,小强的头埋得更低了。

"若是不愿意说,你就写吧。"为避免他的难堪,我说道。

很快,他在我给的信笺纸上写了几句话:"老师,我错了,我不该找借口的。我以后会注意的。我会牢记,错的永远不会变成对的,错了就是错了,要勇敢承认,勇于改正!"终于,小强认识到了自己的问题。

接下来,对他迟到的教育非常顺利。

最后,小强郑重承诺:无论何时何地,绝不为自己的错误找借口。

锦囊 65 缩小影响范围

【应用时机】

后进生纪律表现差,影响他人。

【用法解析】

有这样一类学生:自我约束力差,纪律观念差,接受帮扶的效度差。帮扶这类学生,应首先考虑缩小他们的负面影响范围,把座位编到靠左、靠右、靠后的地方;其次要加大督促力度,采取班干部督促、师生结对帮扶、家长陪读等方式,促进转化,促使进步。

【实战案例】

撤离讲台

到小学 507 班去听课,发现该班的讲台上坐着一名学生。

我们学校的讲台是一个木制的台子，比较窄。平常，若老师坐在讲台上，仅勉强容一名学生通过。现在，让一名学生把课桌凳搬到讲台上，更显狭小了。

观察发现，坐在讲台上的那名同学的课堂表现很不好。他不时地向坐在第一排的同学做鬼脸，甚至还会趁老师在黑板上板书之际，和第二排的同学讲话。

鉴于此，我当即得出结论：把他安排到讲台上的做法是失败的。

下课后，同事卞老师告诉我，这孩子叫李强，太不自觉，无论把他安排在哪儿，他总要嘀嘀咕咕地讲话。而且每次给他配的同桌都是班里的优秀生，希望能带动他进步。他没完没了地讲话，同桌自然不理会他。可他却以为，别人虽未与他互动，却一定在听他说话，便自顾自地说个没完。最后实在没办法，才把他的座位搬到讲台上。

卞老师管班治班的责任心，我是非常敬佩的，兢兢业业的工作态度是同事所公认的，但这种安排方法，我却不太赞成。

卞老师很信任我，我们谈了很长时间，我非常诚恳地表达了我的看法：

一、坐在讲台上有四个弊端

1. 不利于监管。把他安排到讲台上，老师的监管更加方便。但是，他在讲台上依然不受约束怎么办？还会有更好的座儿吗？显然没有了。把他安排到讲台上，老师便没有了退路。

2. 影响课堂教学。学生的座儿在讲台上，离老师更近了。若是学生不接受监管，继续捣乱，对老师课堂的干扰会更加明显，学生的违纪表现影响更坏，更容易影响老师的情绪。即使学生不捣乱，狭窄的讲台上多了一个学生座儿，上课时，老师的肢体语言会受到限制。

3. 可能会弱化学生的羞耻感。若学生不服管教，坐在讲台上，他的羞耻感会越来越弱。

4. 可能会有更多的调皮表现。讲台是进出教室的重要通道。课间时分，他只要一伸腿，或是把凳子稍稍后退，就能占满整个讲台，造成教室内部的交通堵塞，扰乱教室秩序。

二、撤离讲台后的三点建议

鉴于该同学自觉性不强,他的进步必须依靠别人的督促,应迅速让他撤离讲台,而且要注意三点:

1. 缩小影响范围。把他安排到左(或右)边靠墙的位置,减少受影响人群。

2. 精心挑选同桌。给他配一名责任心强、严肃认真、乐于助人的同桌。请求同桌多多帮助他,若有异常,马上报告老师。

3. 请求家长协助。如有可能,请求家长来教室陪读。给孩子一点压力,也给家长一点压力。家长陪读的时间可以是一节课,可以是半天,也可以是一天。陪读时长由家长自己决定。

……

当天课外活动,卞老师就给我发来短信:李强已从讲台撤走了。

锦囊66 故意冷落

【应用时机】

与老师互动时用异常表现引人哄笑。

【用法解析】

有一种违纪:你越是好言帮扶,他越是闹得起劲。有一种关爱:假装没看见,偏偏不理你,故意冷落你。

【实战案例】

你越管,他越闹

小李是中途转来我班的。他非常聪明,考试成绩一直不错。他家长也是老师，孩子从小就熟悉学校教育，上课讲小话、做鬼脸、扔纸团犹如家常便饭。和老师的互动、和同学的交流更是随性而为，没个正形儿。

他刚转到这个班时，我的想法是，教师子女当然要多多关照。然而，喊他起来回答问题，他却没有"站相"，开口说话也吐字不清且声音极小。这太出乎我的意料了，一个成绩尚好的同学怎会如此？于是我适时引导他、帮助他。提醒他回答问题声音要大点；提醒他站立时身体要站直，别左右摇晃；提醒他别在下面讲小话。

没想到，你越是提醒他，他的课堂表现越差，我需要提醒的次数越来越多，有时一节课要提醒五次以上。更加奇怪的是，每次提醒他时，他会低着头，并转向侧后望着后面的同学嬉笑，有时还会引得后面同学一起哄笑。

我愈来愈严厉地提醒他，然而，效果却愈来愈差，甚至发展到有同学专门等着看他的异常表现，专门等着他引发哄笑。

我不得不冷静下来，细思对策。我想，必须改变做法。

首先，我组织了一个"优化课堂学习状态"的微型班会，引导大家评析课堂上的异常表现：上课迟到、一堂课多次请假上厕所、上课时用手捂住嘴和旁边的人讲话、上课睡觉、上课丢纸条，还有老师一讲话他便开讲，老师一停他便停，等等。

这个班会使全班同学都认识到了正常课堂秩序的重要性，认识到个别人的异常表现会严重干扰自己的学习，从而在一定程度上改变了大家看热闹、起哄的心态。

其次，改变过去及时提醒小李的做法。由课堂上的及时提醒变为下课后的单独谈话。也就是说，只要他在课堂的表现不是特别出格，不严重影响课堂秩序，我便不理他。然而这样做的结果是，下课单独谈话一结束，他便飞速跑进教室，然后莫名其妙地哈哈大笑，又引得教室里一阵哄笑。

最后，我决定，只要不是严重违纪，严重干扰课堂秩序，我便不再理他，冷落他。平常见到他也不用眼神和他对视，仿佛没看见一般，并将这种想法分享给其他任课老师，请求支持和配合。

没想到这样做反而奏效了，课堂上，他越来越安静了，异常表现越来越少了。

不到一个月，小李竟然大变样儿：上课时，搞笑的举动越来越少了；下课后，无聊的哄笑越来越少了……

"我偏偏不理你"竟有如此奇妙的效果。

锦囊 67 让孩子不再敏感

【应用时机】

学生总觉得别人在针对自己。

【用法解析】

改变学生敏感多疑的心理，需以微笑相待，让学生感受生活的温暖；需重视学生的情绪变化，引导他们向阳而生；要让学生多读励志作品，使内心更加坚韧、强大。

【实战案例】

期待文文的转变

文文非常敏感：看到后排两个同学挨在一起讲悄悄话，便觉得是在议论自己；别人不小心撞了她一下，便觉得是故意针对她；组长发作业时把她的本子弄到了地上，便觉得人家瞧不起她；老师找她了解同桌犯错的经过，便觉得那是怀疑她也参与了

学生如此敏感，一定是有原因的。

7月2日，我到她家家访。寒暄之后，当着家长的面历数孩子的优秀表现：团结同学，乐于助人；纪律观念强，从未出现违规违纪情况；学习

成绩优秀；有音乐特长，在班会上唱校园歌曲《童年》被评为最受欢迎小歌手……

然后，趁着文文做作业的机会，我单独向家长说出了我的担心：她太敏感、太脆弱。在我的提示下，文文爸爸向我讲述了她读小学四年级时发生的一件事：

四年级上学期期中考试过后，文文语数两科成绩均在 80 分以下，而全班平均分为语文 92 分、数学 96 分。考试讲评时，班主任非常直接地批评了她，说她成绩大幅下滑，是全班最后一名，拉低了全班平均分。

期末考试前的两个月里，小组成员常表示出对她的不满："又拖我们的后腿！""是不是非得带着我们受罚你才满意！"渐渐地，文文不再像以前那样活泼了，话越来越少，和同伴之间的玩耍也越来越少。常觉得邻家孩子在笑话她、讽刺她，常觉得家长在含沙射影地批评她。

原因终于找到了。四年级 10 岁的文文正处在生理心理的重要变化期，自尊心快速增强，她希望得到同学、老师、家长的认可。但是，"成绩差""拖后腿""影响全班平均分""牵连小组同学受罚"的反复刺激，使孩子的成就感减弱，自卑感增强，心理越来越敏感。主要表现为：

1. 对自己作出偏低的评估，担心被别人瞧不起。
2. 和别人交流时出现紧张、不安、逃避的心理，逐渐变得孤独。
3. 有人触及自己的不足时，反应强烈，有抵触、报复心理。
4. 主观能动性逐渐减弱。

我和家长商议，家校合作，采取四条措施，促进孩子的健康转化。

一、让她感受生活的温暖

在家里，家庭成员之间微笑相待，杜绝家庭成员的争吵与不和。无论孩子的成绩如何，无论她有什么不好的情绪，都以微笑相对，让她感受到家庭的幸福。在学校，教育所有孩子以微笑相待，无论是在教室里，还是在寝室里，无论是对待学习问题、生活问题，还是思想问题、心理问题，都微笑面对。

二、缓解孩子的不良情绪

家长、老师必须高度重视学生的情绪变化,并用合适的语言缓解孩子的不良情绪。多用"告诉老师(妈妈),你怎么了"之类的话关心孩子的情绪,多用"孩子,对不起,妈妈刚才有事儿,向你请会儿假,马上回家"之类的话缓解孩子对父母不在家的焦急与不快。用"妈妈累了,想躺一会儿,你给妈妈拿一个靠垫吧"之类的话,培养孩子关心他人的情感。用"不要紧的,我想你能克服的"之类的话,引导孩子冷静对待自己身上的不足,消除不必要的自责和内疚。

三、肯定孩子的点滴进步

表扬,能促使人心情愉快。及时肯定学生的良好表现是克服自卑心理、激发潜能的良药。表扬学生学习上的进步,他便能更加用功;表扬学生助人为乐,他帮助别人会更加快乐;表扬他上课时问题回答得好,他举手发言的积极性会更高。

而批评,虽然必要,但对于文文同学,要慎之又慎,点到为止,因为它更容易激发学生的敏感心理。

四、引导阅读励志书籍

励志故事、励志文章、励志小说,能帮人克服自卑,建立自信。

比如:读《假如给我三天光明》,能使孩子珍惜今天所拥有的一切;读《钢铁是怎样炼成的》,有助于培养孩子坚强的意志,读《让孩子一生受益的100位名人成长记录》,能帮孩子树起心中的榜样……

我坚信,文文一定会变得不再那么敏感。

锦囊 68　幽默式批评

【应用时机】

学生违纪，影响了课堂秩序。

【用法解析】

用幽默式批评处理异常事件，不仅能顺畅达到批评效果，还能彰显教育机智，易被学生接受，可更好地平息事态，使课堂秩序回归理性。

幽默式违纪批评，讲究的是语言艺术。只要心存善念，有宽容之心，冷静沉着，有教学机智，人人都能运用幽默式批评。

【实战案例】

我，竟能穿越千年

引导学生赏析文天祥的《过零丁洋》时，我要求学生对照注释讲解首联"辛苦遭逢起一经，干戈寥落四周星"的含义。说到"四周星"时，有同学说"四周星"就是四年，周星就是周年。说到此处，有一人在下面"噗"地笑出了声，是那种捂着嘴忍俊不禁的笑。

我很快悟出原因：这句诗中暗含有我的名字，我大名"周新"，此句中的"周星"与"周新"谐音，因此学生忍俊不禁。

接下来，有几个同学先反应过来，小声回应——"呵呵！""嗯嗯！"再接下来，几乎全班同学都反应过来，会意一笑，笑声中有些是起哄的声音。

我知道，我不能视而不见，否则，起哄会演变成调侃，哄笑声会此起彼伏，甚至同学们还会以念叨这句诗为乐。

想到这里，我灵机一动，连声大笑，"哈哈，哈哈哈哈——"我的笑声引得所有同学再次会心一笑。然后，我的笑声戛然而止，我收敛笑容，变得严肃起来。顿时，同学们也渐渐收敛了笑容，望着我，等着我下一步的行动。

等大家全都静下来后，我轻轻感叹："啊！究竟是周老师穿越千年，出现在千年前的古诗里，还是千年前的诗句有了灵性，穿越后世，成了你们的老师？"

顿时，教室里笑声再起。但此次，不再是起哄式的笑，是真正的会心一笑。

接下来，古诗鉴赏的指导再次步入正轨。

处理异常事件，也要讲究语言艺术。幽默的语言不仅能轻松取得批评效果，而且更易平息事态。

你，竟是这样任性

第二节课时，程程同学的心思一点也没在课堂上，总是在下面讲小话。

开始时，他用手挡住自己的嘴，和同桌讲话。本来，凭他的坐姿，你可能发现不了他在讲话，但他时不时瞟向同桌的眼神和不断蠕动的面部肌肉出卖了他，由于他的同桌没怎么理他，我便一边用眼神警示，一边继续讲课。

渐渐地，我的授课慢慢过渡到高潮。然而，程程的课堂状态越来越糟糕，他讲话的胆儿越来越大，声音越来越大，挡着嘴的手也拿了下来，越来越肆无忌惮。

虽然我和他的眼神多次接触，但他似乎以为我不会中止讲课来批评他，也可能觉得我根本就没发现他的讲话行为。我的情绪渐渐激动起来，对他的不满越来越强烈。但是，我必须克制这种不满，尽量用不太激烈的方式批评他。

突然，我灵机一动，决定用一种幽默的方式批评他。

我停止授课，压制住不满，悠悠地说："同学们，有一种自以为是叫作掩耳盗铃，有一种任性叫'我以为老师没有发现我在违纪'。程程啊，你竟是这样任性。希望你不要太任性了！下课后到办公室找我。"

没有暴跳如雷，也没有让他难堪，却顺利校正了课堂秩序，这是幽默式批评的功劳。

第四章

打开成绩上升通道

优秀的学业成绩,
是素质教育的重要目标。

提高学习兴趣,
优化学习状态,
是班级管理的核心任务。

第一节 授人以渔

锦囊 69 让科代表"能来事儿"

【应用时机】

学生学习主动性不强。

【用法解析】

能来事儿,本义是很活络,能见机行事。这里指充分发挥科代表的主观能动性,营造浓厚的学习氛围。比如:大声讨论,大声朗读,带动全班,等等。

【实战案例】

为学风建设"充电"

一段时间以来,我班学生除了完成老师布置的作业外,便不再做与学习有关的任何事。家长们普遍反映:"老师啊,我家孩子完成作业后,我让他再看点语文课外书,再做点数学作业,再背几个英语单词,说什么他都不会做。他说他已经完成了作业,该他玩儿了,真是没办法!"

这本是再正常不过的现象,家长却着急了。

作为班主任,我也觉得家长"急"得有理,学习上"容易知足""只为完成任务",肯定不能提倡。我意识到,同学们学有余力,学习主动性不强,应该进一步营造浓厚的学习氛围。

我决定,通过让科代表"能来事儿",为学风建设补充电力,促进班风学风的进一步优化。具体做法是：

一、在学习方式上"来点事儿"

我班的语文科代表共有6位，有作文科代表——负责作文的收发；背诵默写科代表——负责听写各课重点词语、默写指定背诵篇目；文言文科代表——负责文言文专项作业的收发；练习册科代表——负责教育行政部门随教材下发的作业的收发；练字科代表——负责每周两次的练字作业的收发；测验考试科代表——负责测试后的登分及试卷的发放。

除了科代表，还有10名语文小组长。全班70个人分成10个固定的语文学习小组，小组成员不因座位而变化，每个小组7名组员。

我以"要在学习上来点事儿"为主题召集语文科代表、语文小组长会议，要求他们在本学科的学习上"能来事儿"。

比如，"公开讨论题目""发表学习看法""表达学习感受"等，并用高分贝的声音和同学讨论，让周围同学听见我在讨论语文作业。

又比如，考试过后，到老师那儿去看得分情况，然后一进教室就发布自己的答题情况："这次的默写类题目我终于得了满分！""妈啊！第28题自由表达题我居然把题目看错了。"

再比如，课余时间，做完作业之后，拿出一本《假如给我三天光明》等教育部推荐的必读名著，津津有味地阅读。或者朗读、背诵必背古诗文，让教室里书声琅琅。

……

若是一个人"来事儿"，可能不会有什么影响，但是10个语文组长，6个语文科代表都"来点事儿"就能营造氛围了。久而久之，必然对语文学习氛围产生积极影响。

二、在作业布置方面"来点事儿"

布置语文作业不光是老师的事，也是学生的事。身为班主任，我总是根据其他学科作业的多少来布置语文作业，其他作业多，我便少布置语文作业，其他作业少，我便多布置点语文作业。落实这种作业布置思路，学生比老师更有发言权。让科代表在布置作业方面"来点事儿"是我的又一创举。

比如，今儿数学作业很多，科代表便建议练字作业不做了，或者把练字作业改成"选做"作业。

科代表比老师更熟悉学生手中的语文课外学习资料，将这些自备的、零散的学习资料合理安排成一项特殊作业，科代表也是可以有所作为的。

比如，807班18人订有《语文报》，25人订有《演讲与口才》，4人订有《意林》，11人订有《作文与考试》，还有8人拥有其他的语文学习资料，只有4个人没有订任何课外语文学习资料。于是科代表小佳向我建议，每周拿出一节课，让同学们自由学习语文，引导学生自主完成自备资料的学习。

又如，负责作文的科代表罗晨曾帮助我"发明"了一项作业。他说，每两周一篇作文训练，数量有点多，不如改成这两个周写一篇作文，下两个周写一篇片段作文。这项"发明"被我认可，并在班上实施。

通过我的启发诱导，语文科代表经常自觉琢磨语文作业，一旦有什么想法，立马与我交流，经我同意后便布置下去，并督促学生完成。

三、配合老师"来点事儿"

为优化语文学习氛围，我引导科代表从四个方面入手，积极配合老师的语文教学工作。

1. 引领同学预习。

科代表要在上课前3分钟提醒大家进入上课状态，或者按照上节课老师的安排作好上课准备，或者提前从老师那儿知道这节课的内容，及时提醒同学提前作好准备。最起码，也要让全班同学坐到座位上，杜绝预备铃响后疯赶打闹的现象。要做到这一点，方法只有一个，给大家布置点任务。

2. 积极回答问题。

课堂上积极发言，既是良好学习氛围的体现，又能进一步促进良好学习氛围的形成。我要求组长、科代表发挥榜样作用，积极举手发言，甚至可以夸张一点，把手举得老高老高，嘴里嘟囔着"老师，让我来——"，以此来活跃课堂氛围。

3. 让他榜上有名。

每次作业上交后，科代表要对作业进行初步检查，将不合格者、作业未交者公之于众。让大家知道，不好好完成作业，是很不光彩的事。

4. 否定后进表现。

对上课不听讲、不喜欢做作业、学习活动不积极的同学，给予"否定"反馈。让他明白，不好好学习，是会受到批评的。

当然，我绝不允许科代表对学习表现欠佳的同学进行严厉的语言批评，尤其要杜绝嘲讽似的哄笑。倡导用严肃的表情、平静的语言提醒、批评同学。

让科代表"能来事儿"，久而久之，同学们的语文学习"电力"十足，学风越来越浓。

锦囊 70　今日事今日了

【应用时机】

当天的学习，尚有疑难未能弄懂。

【用法解析】

提高学习成绩的最好办法是：当天的学习当天完成，当天的疑难当天弄懂。倘能做到这一点，必能一天一个台阶，天天向上，出类拔萃，取得优异成绩。

【实战案例】

女儿中考数学满分

我竭力让学生明白：学习上的疑难杂症，必须当天解决，绝不能留待明天，更不能置之不理。这是我从女儿的进步中得到的切身体验。

我的女儿墨菁读七年级时，数学成绩很不理想，每次考试成绩总是80分左右。我很着急，便去找数学老师取经，希望能找到一个好方法。然而，数学老师的回答让我很无语，他直率地说：您的孩子在解决数学问题时不能建立数学模型，尚未形成数学思维，短期内很难提高数学成绩。

老师的话犹如一声炸雷，宣判了孩子数学学科的不可救药，我们一家人郁闷了很长时间。

同为老师，我不能怪罪数学老师，他不过是说出了心中的想法而已。但我必须做点什么，让孩子的数学成绩有所进步。

每天午休、下晚自习后，我都要翻看孩子的数学作业本，发现错题，督促她订正。若她不会做，我会立马拨通数学老师的电话，请老师在电话中为孩子讲解。遇到特别复杂的题目，电话中不易讲清楚，我便骑着摩托车，带着孩子到老师家里去，弄懂这道题后，再回来休息。

渐渐地，孩子的数学成绩有了起色，九年级上学期时，她逆袭成了数学尖子生。中考时，竟然考了满分。

我曾总结孩子数学成绩进步的原因：关注孩子的学习状态，督促孩子彻底解决当天遇到的难题。有些难于克服的难题，家长通过电话向老师求助，或者陪着孩子到老师家里去请教。总之一句话，绝不把问题留到第二天。

每带一届学生，我都会耐心地、反复地向学生强调：关注自己的学习状态，"今日事今日了"，做起来难度并不大。长期坚持，可保证各门功课都不落后。

我经常和家长分享：关注学生的学习困难，协助孩子及时弄懂疑难问题，保证孩子做到"今日事今日了"。

具体的方法是：

一、向同学求助

及时向同学请教，扫除当天的学习障碍。对于学困生来说，这是最容易做到的，也是最便捷的解惑途径。

二、向老师求助

学生在校期间，只要你心中想着学习中的难题，走廊里、树荫下、操场边、阳台上，都可以成为师生互动的场所，这是最有保证的解惑途径。

三、向家长求助

学生放学回家后，主动向家长求助。或者家长主动询问，帮孩子解决学习上的困难。若是亲子合作不能解决学习困难，需立即向老师求助，可通过电话、QQ、微信等方式向老师求助。若老师离学生家不远，必要时，甚至可以驱车陪孩子前往老师家里求助，帮孩子解除学习上的困惑，当天的事当日了。

锦囊 71　学会做课堂笔记

【应用时机】

课堂上。

【用法解析】

上课时，记录尚未掌握的旧知识，记录教材中没有的新知识，记录师生的精彩智慧，记录自己的瞬时灵感，可使学习过程更扎实，知识沉淀更深厚，学习效率更高。

【实战案例】

做课堂笔记的两个秘笈

做课堂笔记的好处是不言而喻的，它可促使学生集中精力听讲，避免走神、开小差；能增强学生把握课堂重点的能力；可将学习内容条分缕析，使今后的复习巩固事半功倍。做课堂笔记的秘笈有二：

一、要记录"新知识"

"新知识"，是尚未学过的知识点。如一个新单词、一个新定理、一个新图形、一条新注解、一个新方法等，及时记录，沉淀知识，厚积薄发。

"新知识"，是书本上没有的知识点。如学习《社戏》时，向学生介绍社戏的有关民俗，积累文化常识；学习《小石潭记》时，补充作者的人生起伏，加深"以其境过清"的情感理解。这是课外知识的拓展，也是课内知识的深化。将这些"新知识"记录下来，时时巩固，有助于提高人文素养，强化知识积累。

"新知识"，是跨学科的知识要点。如，引导学生赏析文学作品时，老师会适时补充相关历史常识、地理常识、文化常识；初中说明文阅读教学中，老师常常补充数学中的倍数问题、天文学中的黑洞常识、建筑力学中的榫卯工艺等。适时记录这些新知识，在知识的交叉、渗透和整合中开阔视野，获得现代社会所要求的综合阅读能力和语言表达能力。

"新知识"，还包括师生精彩的语言片段。课堂上，无论是教师还是学生，随时可能迸发智慧的火花，将引起共鸣的智慧火花以"凡人警句"的形式记录下来，不仅能丰富知识储备，还可以开拓创新能力。

"新知识"，还包括学生本人的"瞬时灵感"。学习过程中，只要精神专注，深入思考，往往会产生瞬时灵感。每次灵感出现，都应该用简练的词句记录下来，下课后再整理、完善。这样的课堂笔记往往具有非凡的价值。

二、要提纲挈领

1. 要有规划。

课堂笔记记在什么地方，要事先规划。建议同学们将笔记写在教材上，或记在专门的听课本上。这样既方便记录，也便于复习。

2. 简洁明了。

要告诫学生，课堂笔记要简练，先用精辟的语言将相关内容记录下来，课后再整理补充完善。这样，可提高课堂效率，增强听课能力。

不要听一句记一句，既做不到，也没必要。听完一个完整的意思，理解之后用自己的语言简洁记录即可。

3. 条分缕析。

课堂笔记要分条记，而且每一条都要有类别提示。比如，记录一个生词含义，应该在前面提示一下类别"生词积累"。类别提示要用不同颜色的笔来写。

4. 形成习惯。

上课前，准备好笔记本，随用随取。课堂上，积极捕捉内容，及时记下。课后，立即补充完善相关笔记，及时复习巩固。

锦囊72　学会捡漏

【应用时机】

发现自己的知识遗漏时。

【用法解析】

学习上的捡漏，主要包括三个方面：捡起漏掉的知识，弥补运用能力，优化学习习惯。这是补全知识、培养能力、超越自我、走向卓越的必经之路。

【实战案例】

学习中的捡漏之法

漏，是指未掌握的知识和能力。捡漏，是把未学会的东西补上来，是提高学习成绩的好方法。

一、漏的定义

错题即漏洞。英语作业中,某个介词短语用错了,这个介词短语就是你的漏洞;语文作业中,默写题写错了一个字,这个错字就是你的漏洞;数学作业中,分式化简时,掉了一个负号,这种马虎的作派就是你的漏洞。

难题即漏洞。你不会做的题目就是漏洞。如语文作业中不会分析修辞手法的表达效果,几何作业中不会画辅助线,英语作业中不会做完形填空题,等等,都是知识能力上的漏洞。

二、弥补方法

1. 捡漏。

学生平时作业中的错题就是学习上的漏洞,不会做的题目就是学习中的漏洞,将这两类题目捡出来,写在专门的错题本上,重新再做一遍,这就是捡漏。因捡漏而形成的错题集,是绝妙的复习资料,考试之前,把错题集拿出来看一下,琢磨琢磨,能起到事半功倍的学习效果。

2. 补漏。

是不是把错题重做一遍,就万事大吉了呢?当然不是。把错题抄下来,重新做一遍,这是最基础的工作。对弥补学习漏洞而言,它还远远不够。要想把漏洞真正补起来,还得费一番功夫。

(1)找出漏掉的知识点。重做错题之后,思考错误原因,析出漏点,并用红笔将其非常醒目地写在错题旁边,以备翻阅错题本时能快速把握知识重点。

(2)作好归类整理。时间长了,积累的错题会越来越多,此时,要对错漏知识进行归类,对错误类型进行归类等,逐步学会触类旁通,举一反三。

3. 巩固。

如何巩固错漏点呢?方法有二:

(1)切实将错题弄通弄懂。"错题是个宝,每天不能少。""从哪里倒下就从哪里爬起来。"说的就是这个道理。要借助错题反思三个问题:

真正的漏洞在哪里？

产生错误的原因是什么？

怎样才能避免在同一个水坑里淹两次？

（2）时常重做错题。补漏洞不是一次、两次就能解决的，需要多次重复，才能确保不被同一道题绊倒两次。

综上所述，重做错题，分析错因，找到知识漏洞和能力缺陷，制定切实有效的改进措施，虽是亡羊补牢，却是未为迟也。

锦囊73　做好时间管理

【应用时机】

进入毕业年级，学生的时间不够用了。

【用法解析】

时间都去了哪儿呢？问题的关键在于时间使用效率。效率高，时间就充裕；效率低，时间就不够用。

如何做好时间管理？一是该干啥时就干啥，专时专用。二是充分利用零散时间，记下时间运用的真实体验，逐步提高学习效率。

【实战案例】

记录自己的时间体验

做好时间管理，不仅是大人们的必修课，也是中学生尤其是毕业年级学生的必修课。进入毕业年级后，学生的生活节奏更加紧凑了，作业任务比八年级增多了，时间不够用了。引导学生做好时间管理显得非常迫切。

如何做好时间管理呢？

一、记录时间体验

记录时间体验，即记录课余时间的利用情况，记下某个时间段完成的任务量，记下每件事情的起止时间，如下表：

序号	起止时间	任务量
1	7:55–8:05	看《苏菲的世界》4 页
2	9:00–9:03	记单词 10 个
3	10:08–10:18	看《苏菲的世界》4 页
4	11:06–11:11	做数学计算题 3 道
5	11:25–11:40	看《苏菲的世界》6 页

如此一条条地记，一天下来，所有零散时间的利用情况一目了然。每晚睡觉前，分析当天的时间利用情况，找出可以改进的地方，天天如此，长期坚持，进行数字化时间管理。

通过观察，我们发现，阅读一页书的时间越来越短，单位时间内记忆单词的数量越来越多，做数学题的速度越来越快。

此法，可以让学生清楚地了解自己做作业的速度。如：做一道复杂运算题要多长时间，做一道复杂应用题要多长时间，写一篇 600 字的作文要多长时间，完成一篇语文阅读题要多长时间。

学生只需客观地记录，长期坚持即可，学习效率的提高，自会水到渠成。

特别提醒：

1. 此法虽有助于提高学习效率，但学生绝不能苛责自己，不能一味地追求快速度，只需客观记录即可。

2. 老师、家长千万不要把这个记录当成督促孩子的手段。因为记录里的学习效率一定是比较高的。如果总用高标准来要求孩子，你肯定能找出孩子的不足。那样，孩子就苦不堪言了。

二、该干啥时就干啥

课堂上，老师讲话时，学生就应该认真听讲；老师要求同桌讨论时，学生就应该踊跃表达，大胆发表意见；老师布置了课堂作业后，学生就应该集中精力踏踏实实完成课堂作业。

课间时分，应抓紧时间休息一下，作好下一节课的准备。或抓紧时间向老师、同学请教，解决课堂上没有解决的问题。

午休时，应抓紧完成上午未完成的课堂作业，并抓紧时间午休，为下午的学习做好体力、精力上的积蓄。下晚自习回家后，应抓紧完成当天的作业欠账，复习巩固当天的学习内容。

要努力做到堂堂清：当堂听，当堂记，当堂理解，当堂作业。未掌握的内容应该在课间主动请教，不留知识漏洞。

要努力做到门门清：无论是语数外学习任务，还是理化生学习任务，每门功能都不留尾巴，不留任何后遗症。

要努力做到日日清：当天的背诵当天完成，当天的作文当天写完，当天的训练题当天完成，当天的疑惑当天解决，绝不把任何事情留待明天。

三、善用零散时间

零散时间是指碎片化的一小段一小段的时间。

就时长而论，可能是一两分钟，也可能是四五分钟，还可能是十几分钟。

就时间点而论，可以是课间时分，可以是吃饭前后，可以是晨跑期间，可以是睡觉之前。

善用零散时间，就是抓住这些碎片化的时间，不让它白白流逝，利用它来记忆词语、背诵公式、破解疑难、调整情绪等。

锦囊74　吹响学业检测的集结号

【应用时机】

期中期末等大型考试之前。

【用法解析】

大型考试之前，要组织开展考前动员活动，通过学生激情表态、教师动员报告、家长代表发言、全班集体宣誓等，引导学生明确目标，振奋精神，发起最后的冲锋。

【实战案例】

组织考前动员会

为了引起学生对即将到来的期中（期末）考试的重视，班主任应适时吹响学业检测的集结号，动员学生提高思想认识，调整身心状态，专心致志，向阶段性学业检测发起冲锋，力争考出优异成绩。

一、明确集结意义

吹响考前集结号的时间，一般安排在期中期末考试前两周进行。毕业考试（中考、高考），应在考前100天举行动员誓师大会。

吹响集结号，是为了给即将发起的冲锋积蓄力量，一击中的，勇创佳绩。所以，吹响集结号，要让学生完成三个方面的集结：

1.思想集结。要让全班同学心往学习上想，劲往学习上使，排除一切干扰，清空杂乱情绪，清楚学习目标，集中全副精力向目标冲刺。

2.时间集结。临考前，动员学生把所有时间用于考前复习，课堂上认真听、认真练，课余的碎片化时间，分秒必争。巩固优势学科，重视短板学科。要明白，各学科成绩的相对平衡，总分会更好看，名次会更靠前。

3. 行动集结。说千道万不如埋头苦干。早上起床后要多读多背；上课前作好学习准备；课堂上紧跟老师的节拍，不分心不掉队；课后及时整理笔记，及时巩固；晚上睡觉前回想当天的收获、疑点。始终带着满满的信心、满满的热情、满满的勇气，有条不紊地投入到学业迎检的准备中来。

二、喊响冲锋口号

为了点燃考前复习的激情，班主任应组织学生喊响冲锋号，营造浓厚的学习氛围，排除学习干扰。

期中期末冲锋口号示例：

1. 辛苦两周短，幸福一生长。
2. 天助自助者，功酬勤奋人。
3. 态度决定高度，努力造就实力。
4. 怎敢高声语，怕惊读书人。
5. 难题心不慌，容易心更细。

毕业考试冲刺口号示例：

1. 学苏秦刺股，六月折桂还需苦战，效陶侃惜时，百日付出必有回报。
2. 学练并举，笑问逐鹿群雄今何在？师生同心，试看燕赵魁首谁人得。
3. 滴水穿石战中考，乘风破浪展雄才。
4. 念前贤已任铁杵磨针，感亲情师恩悬梁刺股。

三、搞好冲锋动员

吹响集结号，往往以考前动员活动为标志。

无论是平时期中期末考试，还是中考高考，考前动员活动均可分两个层次进行：

一是学校层面的考前动员。平时的期中期末考前动员，学校会利用升旗仪式、课间操集合等时机进行简短的动员。而中考高考前，学校往往会组织隆重的考前"百日誓师"大会。

二是班级层面的考前动员。班主任要组织专门的考前动员主题班会，通过学生代表表态、全班学生宣誓、班主任提要求等形式，扬起出征的旗帜，吹响冲锋的号角。

无论是学校层面，还是班级层面，要使考前动员变成动人心魄的战鼓，必须有一个庄严的仪式。

考前动员大会要安排声音洪亮、擅长演讲的同学担任主持人；要邀请领导参会并发言，体现上级的重视和关怀；要邀请任课老师参会并发言，以达到师生同心的效果；要庄严宣誓，激发内在动力，产生自醒、自觉、自律的教育效果。

考前动员大会一般包括以下流程：

1. 主持人宣布大会开始。
2. 学生发言，表达决心。
3. 教师发言，热情洋溢。
4. 领导讲话，鼓动人心。
5. 班主任致辞，吹起冲锋号。
6. 集体宣誓，激情澎湃。

会前，要精心拟定誓词，竭力达到排除干扰、凝聚人心、鼓舞士气、增添干劲的宣誓效果。

誓词示例：

我们是自豪的903班学子，我们以青春的名义宣誓：铭记责任，珍惜光阴。将火热的青春投入学习之中，用全部精力备战期中。我们发誓要奋斗不止，我们注定会创造佳绩。

第二节　激发斗志

锦囊 75　减免学生作业

【应用时机】

作业难度低、重复训练多，不适合优秀生。

【用法解析】

进入中考、高考总复习后，学生的作业量会大幅增加，重复训练的可能性也大幅增加。对于优秀生而言，减少简单、重复的作业训练，会使他们更加自信，更加起劲，更加轻松，更加高效。

【实战案例】

小唐的作业不用做啦！

减免学生作业，是进入九年级后，我在班上采取的一项管理措施，得到各学科任课老师的支持，取得了良好的管理效果。

2015 年 9 月的一天，我班上的小唐对我说："周老师，我想申请——不做本次作业，因为这些作业我都会做，有的题目，我以前做过。"

小唐是我班上的优秀生，被同学们称为"学霸"。

"小唐，这次的作业你不用做。"对于他的申请，我只是稍作思索便同意了。因为对他来说，这次作业太简单，如果坚持要求他做，不仅白白浪费他的时间，还会影响他的学习情绪。

我不由得想起一些优秀老师曾经采取过的措施：

弹性作业：规定最大作业量与最小作业量，至于具体做多少作业，全由学生自己做主。

选做作业：列举三项作业，学生从中任选一项完成。

自主作业：老师不布置具体的作业内容，做多做少，用什么形式作业，做什么内容的作业，全凭学生自主决定。

……

经过反复酝酿，征求任课老师意见和家长意见，经过全班同学集体讨论通过，我实行下列作业减免措施：

一、老师为优秀生减免作业

对一贯表现优秀者给予自主减免作业的资格。给某一次表现优秀者给予临时减免作业的资格。

二、学生可向老师申请减免作业

学习优秀生，可无理由申请作业减免。无需说明理由，只需说明减免的多少即可。一般同学申请时，需要说明减免理由，理由不充分者不予减免。

三、宣传"越是认真，便越是轻松"的治学道理

倡议所有同学兢兢业业学习，认认真真写作业。越是认真，作业减免机会便越多，你的学习便越是轻松。相反，若是马马虎虎，应付差事，便永远不会获得减免作业的机会，你就成了学习最累的人——越不认真，学习越累。

随着该项措施不断深化，我班同学的学习状态得到了前所未有的优化，尤其是作业中不必要的重复训练越来越少了，学生学习更加自信，劲头更足，效率更高了。

锦囊 76 "吐槽优秀者"

【应用时机】

学生取得好成绩之后。

【用法解析】

取得好成绩，获得表彰时，组织开展"吐槽优秀者"微班会活动，针对所取得的成绩说瑕疵、说缺漏、说期望、说目标，使之保持清醒头脑，促进持续进步。

【实战案例】

让优生持续进步

班主任工作的最高境界是将学生的"三分钟热情"转化成持续不断的激情。然而，中学生的性格尚未定型，心智尚未成熟，习惯尚待优化，自制力尚待增强，"三分钟热情"现象在所难免。常见的表现是：奋力拼搏争上游，进步明显→受到家长老师的精神鼓励和物质奖励→骄傲自满，得意忘形，放松要求→回归初始状态→痛定思痛，再发愤，重努力……如此反反复复。

为改变"三分钟热情"现象，我组织开展"吐槽优秀者"活动，引导学生对表彰对象或表彰内容吹毛求疵，说说美中不足，防止骄傲自满。

向琪同学自幼练习书法，写得一手好字，但喜静不喜动，少与人交流。2011 年 4 月，她获得了全市"守敬杯"书法大赛一等奖，为促使她不断进步，我发完奖状奖品后组织开展了 3 分钟的"吐槽优秀生"活动，现场选出两条"吐槽"语录："书法一流，但要加强同学间的沟通交流。""建议在黑板报上开辟'向琪书法'栏目，让她好好露露脸。"

前者委婉批评她不善与人沟通的缺点，希望她与人分享书法创作的经验。后者则希望在班上宣传、推广她的书法。随后一段时间，班上掀起了一阵欣赏书法、练习书法的热潮。而向琪同学，也以书法为媒，增强了与同学间的交流。

期中考试后，学校召开表彰大会，我班上有四名同学被表彰为"学习进步生"。这四名同学有个共同点：曾经取得过非常优异的成绩，但最近两个学期，听课时常走神，作业马虎粗心，成绩一蹶不振。如果这次不对他们采取措施有效帮扶，下次考试他们准被打回原形。表彰大会散会后，我进班讲评，组织开展"吐槽学习进步生"活动，并从中选出了两则优秀"吐槽"语录："进步可喜，退步可期。""你若努力，几人能敌！"

第一则句式整齐，对比鲜明，很不客气，是对进步的祝贺，也是对退步的预言。第二则是对其潜力的充分肯定和真诚赞誉，也是对他们创造更好成绩的殷切期望。此后，四名同学不仅保持住了那次的进步，而且一步一个脚印，稳扎稳打，顺利考取省重点中学。

2012年秋季学期拿成绩单那天，我就小组建设进行评先表彰，从12个小组中评选出四个优秀小组（特色化的小组建设是我探索了三年的治班策略，取得了不错的效果。2013年5月，我应邀为深圳光明区"名班主任"作辅导报告，汇报的就是这个内容）。表彰过后，我按照惯例组织3分钟的"吐槽优秀小组"活动。那天评出的优秀"吐槽"语录也有两则。第三组："三次优秀小组，秀出六豆风采（指六名组员的风采），但是大龙同学还要更上一层楼。"第九组："组长也是班长，是我们班的神仙姐姐，评为优秀小组，乃是众望所归。但是该组的学习表现还要更好一些。"

前者是对小组建设的总结，表达了两层意思：一是小组整体表现优秀，三个学期被评为优秀小组；二是组员大龙表现不佳，尚需继续努力。后者表扬了组长的带头作用，也明确指出，学习方面，小组整体表现不佳。

"吐槽优秀者"，是促使进步者更上一层楼的重要举措。

锦囊 77　家长陪读计划

【应用时机】

学生严重逆反。

【用法解析】

为密切亲子关系，遏阻学生逆反，提高课堂效率，经家长申请，学校同意，班级统筹安排，允许家长走进教室，陪着孩子上课。

【实战案例】

允许家长进教室陪读

家长陪读，是被逼出来的班级管理措施。

一段时期以来，几位家长反映：学生的家庭作业没过去质量高了，学生和家长之间的交流不那么顺畅了，孩子动不动就发脾气，把门一关躲进卧室，不再理会家长。在学校，同学们上课时的精神状况、教学秩序也大不如从前。

什么原因造成的？

升入八年级后，随着年龄的增长，学生的个体主观意识不断增强，叛逆情绪越来越明显，与家长之间的对抗性举动越来越多，亲子教育、学校教育的难度同步增大。

于是我不失时机地向家长发出倡议：欢迎家长来到教室，坐在学生身旁，陪伴孩子上课，观察学生的课堂状态，体验孩子的学习过程。这样做的好处是：家长增加陪伴时间，学生收敛课堂行为，还能优化课堂效果。

具体安排如下：

首先，答应亲子关系比较紧张的杨愉同学家长、王宁同学家长的请求，允许他们来教室陪读。这两位同学一男一女，一个成绩优秀，一个成绩滞后。陪读结束后，经两位家长同意，将其陪读照片发布在家长微信群里。

其次，向全班家长发出"陪读倡议"：

各位家长：

今天上午，杨愉家长、王宁家长来到教室，坐在孩子身边陪读。杨愉家长陪读了2节课，王宁家长陪读了4节课。课间10分钟，两位家长或在教室陪孩子做作业，或在走廊里体验课间活动，或到老师办公室和老师聊天。课间操时，则在班主任的陪同下到操场上观摩学生跑操，取得了很好的陪读效果。

自今日起，我们班将倡导实施"家长陪读计划"，有意者请向班主任申请，经学校批准后实施。陪读的相关事宜安排如下：

1. 时间安排：家长提前预约，班主任统筹安排。

2. 人员限制：同时进教室陪读的家长不超过两人。

3. 陪读时长：可以是一节课，可以是半天，可以是一天，也可以是一周。

4. 过程建议：

（1）"陪读"，坐在自家孩子身边；

（2）"诊断"，观察自家孩子在课堂上的表现；

（3）"导引"，适时给孩子提出合理要求；

（4）"反馈"，陪读结束后和老师进行简要交流；

（5）"分享"，在家长微信群里发表一点体会。

下面是向吉家长晚自习陪读后分享在家长微信群里的文字：

周老师，早上好！昨天晚自习下课后太晚了，没来得及分享我的陪读心得。

这次陪读，感受颇丰。他的语文成绩一直提不起来，主要是阅读分析能力欠佳，作文写作能力有待提高。

昨天那篇周记，我给他总结了八个字：无滋无味，无颜无色。我给他打35分（满分50分）。结合您讲的那篇叙事回忆录，他跟我交流了写作体会，还顺便跟我说了阅读的要领。

孩子说我陪读的那节课他听得很专心，对他很有帮助，他很开心。我也很欣慰，再次感谢周老师倡导的家长陪读计划。

同时，通过一个晚自习的陪读，我也总结了周老师的讲课，我把它概括为：准、精、细。这是我听您剖析文言文和李白诗句概括出的三个字，不愧是特级教师，孩子能接受您的教育是他人生的幸运！

周老师，以后如果条件允许，我可不可以每天晚自习都来陪读？我晚上没有什么事儿，下晚自习后顺便把孩子接回家。

下面是胡杨家长数学课陪读后分享在微信群里的文字：

今天第三节课，我来教室陪孩子上了一节数学课。

我觉得，数学何老师的课很幽默，很有吸引力。

本来，胡杨上课好动，但我陪孩子的这节课，他更认真了。他说，他全都听懂了，作业都会做。

教室里前面六排的学生听课很认真，后面两排孩子们上课有点喜欢说小话。

还有，最后一排的同学可能有点看不清楚黑板。

谢谢老师允许我来陪读！

家长陪读，一是优化了学生课堂状态，学生的听课效率有所提高。二是课间活动更有分寸。有家长陪读的日子，大家会收敛自己的言行举止，不会有特别放肆的行为。三是亲子关系得到了改善，无论是在校期间，还是在家期间，剑拔弩张的情形越来越少了。

锦囊 78　结对帮扶计划

【应用时机】

八年级的两极分化现象如约而至。

【用法解析】

鼓励学困生自愿成为帮扶对象，鼓励优秀生自愿成为帮扶志愿者。双方结成帮扶对子，约定帮扶规则，举行结对仪式，郑重承诺，庄严宣誓，优化班风学风，遏阻两极分化，整体提高全班学习成绩。

【实战案例】

举行帮扶结对仪式

进入八年级已有三个多月，期中阶段性检查结果表明，学优生与学困生在学习上的差距越来越大，传说中的两极分化已成事实，8 名学优生的语数外三科平均成绩均在 105 以上，9 名学困生的语数外三科平均成绩在 72 分左右。

我想，必须想办法遏止这种现象，绝不能让两极分化的态势进一步恶化。

我决定实施结对帮扶计划，让学优生和学困生结成帮扶对子，帮助学困生转变学习态度，改变学习方法，提升学科成绩。

计划实施步骤是：

一、归类分组

分组的目的是为了形成互助合作的良好学风。分组之前对全班同学进行动员，然后按学业表现将全班 55 人划分为三个组。

1. 先锋组。包括学科得分率 85% 以上的 12 名优生，即语数外 102 分以上（卷面分 120），物理 68 分以上（卷面分 80），其他学科 85 分以上（卷面分 100）。

2. 奋进组。学科得分率 60%~85% 的同学，计 34 人。

3. 希望组。学科得分率在 60% 以下的同学，计 9 人。

二、确定帮扶对象

帮扶对象要满足两个条件：

1. 不满足现有的学科成绩，有提高成绩的强烈愿望。

2. 当众以口头方式请求同学帮扶，愿意接受同学的监督和帮扶。

三、招募帮扶志愿者

志愿者需满足三个条件：

1. 学习成绩好，各学科成绩均在 90 分以上；纪律表现好，能自觉遵守班规校纪；自律意识强，能控制自己的不良言行，扬长避短，不断前进。

2. 有互助精神，乐于助人。

3. 有奉献精神，愿意为同学的进步奉献自己的精力和智慧。

四、志愿者管理约定

有下列情况之一者，将被淘汰出志愿帮扶团队。

1. 帮扶态度不好，有讽刺打击求助者的现象。

2. 自身学习状态下滑，学业成绩下滑。

3. 课堂纪律变差，作业字迹潦草，作业质量变差。

4. 无学习计划或学习计划不落实。

五、举行结对仪式

庄重的仪式能强化结对双方的承诺，有助于形成良好的班级氛围。803

班结对帮扶仪式的安排如下：

1. 邀请结对双方的家长莅临仪式现场，见证帮扶承诺。

2. 张贴结对帮扶配对表。

3. 仪式在班旗之下举行。

4. 结对帮扶仪式的主要程序有：

（1）主持人郑重介绍仪式内容。

（2）学困生将右手放于胸前，集体宣誓：我迫切希望提高学业成绩，我自愿接受×××同学的督促和帮扶，虚心求教，长期坚持，如违此言，自愿接受批评。

（3）志愿者主动用左手牵着学困生的右手，右手放于胸前，集体宣誓：我志愿在学习上帮扶×××同学，主动履行督促职责，适时帮扶，使其不断进步，如违此言，请同学批评指正。

锦囊79　开展李玉洁励志行动

【应用时机】

"中国好人"李玉洁走进了孩子们的生活。

【用法解析】

通过团支部更名活动、读书分享活动、励志朗诵活动等，充分发挥宜都籍"中国好人"李玉洁的引领作用，使学生积攒班级正能量，激发校园热情，提高学业成绩，誓做有志青年。

【实战案例】

李玉洁励志行动方案

为了促进留守子女的健康成长，使他们心理更加健康，言行更加文明，学习成绩不断进步，进而不断积累班级正能量，形成良好的班风和学风，我在班上开展了"李玉洁励志行动"。

李玉洁，宜都籍"中国好人"，14岁因病瘫痪后，创办"知心姐姐工作室"，通过书信、热线、网络等形式义务为全国各地未成年人提供心理辅导。她受邀为全省大中小学、各乡镇和单位作励志报告100余场。曾先后被授予"中国好人""全国优秀共青团员""全国三八红旗手""荆楚楷模""湖北省优秀共产党员"等荣誉称号。

"李玉洁励志行动方案"由五部分组成：

一、邀请李玉洁进教室作读书分享报告

我把"李玉洁励志行动方案"上报给学校团委，引起了校团委的高度重视。校长亲自出面，把李玉洁请进了我班教室，开展《平凡的世界》读书分享会。

分享活动中，轮椅上的李玉洁笑容满面，结合自己的阅读经历，分享阅读心得，分享心中的快乐。对同学们的提问，她热情解答，呼吁同学们多读书，读好书，用博学的知识充实和武装自己，让平凡的世界因"我"而不再平凡，让校园永远散发着书墨的清香。

同学们兴致很高，与李玉洁进行热情的互动，同学们有的娓娓道来，有的幽默风趣，有的实用，有的励志……大家你一言我一语，讨论得十分热烈。

读书分享会取得了圆满成功，受到共青团宜都市委的高度评价。宜都市人民政府门户网站对此次活动进行了专题报道。

二、创建"李玉洁团支部"

为激发同学们昂扬向上的朝气，使之刻苦学习，报效祖国，我向学校团委申报，请求将803班团支部命名为"李玉洁团支部"。学校非常重视我的申请，逐级向上汇报，得到了市团委的同意。

2017年10月，学校专门组织"李玉洁团支部"命名授牌大会，市团委书记亲自授牌，我以班主任的身份受牌。参与授牌仪式的有学校领导、教育

局领导、共青团市委的领导。

在全校 42 个班中，我班独享这一独特荣誉。

这次授牌，既让同学们感到无比骄傲，也让他们觉得责任重大。接下来，全班同学以更加高昂的士气，更加严格的标准，更加美好的创意投入到团支部的建设中，投入到文化知识的学习中。

三、与李玉洁书信往来

鉴于留守子女的亲子教育欠缺、亲子沟通不畅等，我又促成了李玉洁与留守子女的书信交流活动。活动步骤如下：

1. 写信。利用班级讲评时间号召留守子女（单亲子女、重组家庭子女）给李玉洁写信。把她当成倾诉的对象，当成解惑的智者，当成知心大姐姐。在信中，同学们抒写心中的喜悦，倾吐心中的困惑，寻求进步的方法。信写好，认真封装，统一交给团支部书记。

2. 递信。我和团支部书记一起，将同学们的信送到李玉洁家里。请求李玉洁了解大家的心声，为大家解疑释惑。并用手机拍照为证，回校后把转交信件时的照片分享给同学们，大家对李玉洁的回信报以热烈的期待。

3. 等信。因为写信人众多，李玉洁的回信有一个过程，等待回信的过程中，我适时报告李玉洁写回信的进度，让大家的期待之心更切。

4. 集中读信。终于等来学校领导送来的所有回信，包括 23 个信封和一个 18 分钟的视频。信封里装的是个别回信，视频录制的是带共性问题的统一答复。李玉洁的真心温暖着大家，大家迫不及待地打开信封阅读起来。阅读时，有人眉毛舒展会心一笑，有人眉头紧锁作思考状，有人读完后小心折叠认真收藏，有人甚至双手捂面激动不已……

与"中国好人"李玉洁的书信交流获得了巨大的成功。

四、分享李玉洁的著作

《梦想在 110 厘米以上》是李玉洁的自传小说，叙述了重病女孩从健康变成残疾却始终坚持梦想的故事。病痛与失学的双重打击使她几乎轻生，但她终因不屈的梦想而重燃自学的斗志。在她眼中，没有什么能够阻挡成才和奉献的脚步……

2017年11月以来，我将李玉洁赠送的《梦想在110厘米以上》展示给学生看，当场征集阅读者，让愿意阅读此书的同学举手示意，登记在册。当然，我会有意识地让所有留守子女成为阅读者。

然后，以阅读接龙的方式，把书借给这些同学阅读。每人阅读一周，阅读时限一到，便转给下一位同学。

每位阅读者都要将感触最深的片段朗读给全班同学听，极大地激发了同学们昂扬向上的蓬勃朝气，激发了同学们战胜困难的勇气。

五、举办李玉洁励志朗诵会

803班的"李玉洁励志朗读会"曾经一度闻名全校，备受关注。"李玉洁励志朗读会"主要开展以下两项朗诵活动。

1. 开展"朗读吧"朗读者选拔活动。"朗读吧"是校园广播的特色项目，全校三个年级42个班轮流负责，轮到哪个班，便由哪个班负责选材、录音、播放。结合"朗读吧"播音活动，"李玉洁励志朗读会"每学期组织一次"朗读吧"朗读者选拔活动，活动规则是：

（1）朗诵时长为1分钟。

（2）朗诵内容：讲励志故事，传播正能量。

（3）全班学生人人参与。教师逐个点评，鼓励进步。

2017年5—11月，全班所有同学均成功录制了朗诵音频，录好后，于班级展示，用QQ传给家长欣赏。

"朗读吧"朗读者的选拔活动，一学期一轮，提高了学生的朗读水平，培植了班级正能量，营造了良好的班级氛围。

2. 定期组织"李玉洁励志朗诵会"，每学期一次。同学们称之为"青春励志朗读会第一季""青春励志朗读会第二季""青春励志朗读会第三季"。活动中，所有同学的朗诵水平均有提高，受到了全体学生和家长的热情欢迎。

"李玉洁励志朗诵会"模仿《星光大道》的赛制进行，每周一赛，赛出周冠军，每月一赛，赛出月冠军。学期末组织五名月冠军进行总结赛，排出一、二、三、四、五名。上一轮的前五名担任下一轮的评委。

2017年4月以来，"李玉洁励志朗诵会"已组织了三季，全员参与，共同提高。

锦囊80 每天两场励志演讲

【应用时机】

八年级地理、生物中考进入倒计时阶段。

【用法解析】

中考前的最后五天，每天两场励志演讲，上午下午各一场。演讲稿是提前准备好的，是本班学生的佳作。演讲之前，学生反复演练，充分准备。演讲时，学生激情澎湃，增强学习动力，强势对抗疲劳和枯燥，效果奇佳。

【实战案例】

最后的加油计划

按照《2021年宜昌市初中学业水平考试与高中阶段学校招生工作方案》，八年级的地理和生物纸笔考试时间渐渐临近。转眼间，离6月22日的地理、生物中考只有最后的五天时间了。时间，已进入了倒计时状态。

根据学校工作安排，地理、生物临考前最后一周，各门学科停止上课，所有课堂时间全部用以复习地理、生物。为了决战八年级的地理、生物中考，学校可谓全力支持。

但是，我却想到另外一个实际情况：最后五天，学生从早到晚，每天七节正课，两节早晚自习，还有中午的自习，这么长时间朗读背诵，难免枯燥无味，难免口干舌燥，难免身心疲劳，难免昏昏欲睡。虽有中考压力压着，虽有升学动力撑着，复习效率也会打折扣。

怎么办？

我的办法是每天两场励志演讲，反复强化动力，强势抵抗枯燥和疲劳。

具体操作步骤是：

1. 提前储备演讲稿。进入最后五天的决战之前，组织学生以"为自己加油，全力冲刺，决胜中考"为话题，写一篇演讲稿。然后挑选出优秀作品10篇，逐一辅导修改，储备激情澎湃的演讲稿。

2. 每天两场演讲。最后五天，每天上午、下午课间操结束后分别组织一场励志演讲，强化复习动机，抵抗枯燥和疲劳。

中考结果证明，这一做法是非常有效的。我们班的地理、生物中考成绩非常优秀，双科A等、单科A等人数均位居前列。

分享一篇决胜地理、生物中考励志演讲稿，供参考。

向前走，别回头

兰傲今

亲爱的同学们：

大家上午好！

地生中考越来越近了，咱们班，有人信心十足，有人非常紧张，有人灰心丧气，而我要对大家说：向前走，别回头。

尽管地生中考就在眼前了，可是，毕竟还有最后的时间让我们作好充足的准备。还有五天，每天每科复习五节课，每科还有25节课，这时间多不多？当然多，相当于平常半个学期的课时数。如果还有知识没掌握，别怕，最后五天，可以补回来！

地生中考是优生的"通行证"。两科满分60，只有得了满分，才能在接下来的一年时间里从容备考其他学科。换言之，地生满分60，是稳定信心的压舱石。

地生中考是成绩滞后者的"保命草"。只要记一记背一背，就能拿60分，这比想破脑袋的数学简单多了。如果这么容易的分都捞不到，还怎么谈升学！

向前走，我们别无他途！

今天，我还要跟大家讲，莫要回头看！

回头看，是你缺乏自信的根源。有人说："以前我最多只拿过25分，这次中考怎么可能拿30分？"请记住，不往回看，就没有这些顾虑。有句话说得好，"自信即巅峰"。什么都不想，就当它是进入七年级后第一次单元检测，每个人都是站在同一起跑线上，还没分出高低，每个人都充满信心。

今天，我还要说，最后五天，干就得了！

老师每天在讲台上激情讲授，父母起早贪黑地送我上学，给我准备夜宵。这么多人为我助力，干就得了！干就得了！

放开手，别犹豫，拼吧，别让青春后悔！

记住，向前走，别回头！

锦囊81　寒假励志作文

【应用时机】

毕业年级的寒假。

【用法解析】

精心设计寒假励志作文，引导学生调整心理，积蓄力量，增强斗志，追求更好的学习状态，追求最佳的学习效果，迎接最后一个学期的到来。

【实战案例】

还能做得更好吗

2015年秋季学期发放素质报告册这天，我通知李佳等五人提前至 8:00

到教室，打算和他们谈一谈成绩，谈一谈寒假的打算，希望他们的寒假更加充实。

李佳离学校最近，来得最早，我便和她单聊了一会儿。

"李佳啊，这次考试退步了呢。"我满怀真诚，微笑着用柔和的声音说道。

"还好啊，我觉得，快乐就好！"李佳也很真诚，很坦率。

望着孩子坦诚的面孔，我有点异样的感觉，她似乎不太在意成绩的好坏……

和五名同学交流结束后，我觉得应该利用寒假之机，助同学积蓄力量，增强上进心，追求更好的精神风貌，追求更好的学业成绩，迎接即将到来的最后一个学期，迎接五个月后的中考。

我临时决定，围绕"我还能做得更好吗"，精心设计，布置三篇励志作文。

一、励志作文写作

1. 请以"我还能做得更好吗"为话题，写一篇作文。

要求：（1）题材。回顾反思自己的校园生活、学习状态，从亲身经历中选材。（2）主题。为自己加油，为自己鼓劲，展望美好未来，追求更高目标。（3）文体不限。（4）字数700字以上。

2. 请以"追求"为话题，写一篇作文。

要求：（1）围绕话题，从自己的学习经历和生活体验中选材，构思成文。（2）拟题要有新意，如"拨开云雾见月明""仰望""给梦想一次开花的机会""为自己搭一把梯子"等，这几个题目供你选择借用，也可另拟题目。（3）字里行间充盈着满满的正能量，充盈着真挚的感情。（4）字数700字以上。

3. 人人都有未来，人人都在走向未来。那么，五个月后经历了中考的你会是什么状况？四年后经历了高考的你会是什么样子？10年、20年后的你又会怎样？请以"未来的我"为话题写一篇作文。

要求：(1)充分发挥想象，想象未来的工作细节、生活琐事、学习情景。(2)体裁不限，可以写成应用文，如书信；可以写成文学作品，如小说、散文、诗歌等。(3)不得抄袭，字数700字以上。

二、励志作文展示

1. 高声诵读。寒假期间，每完成一篇作文，高声朗读给家长听，让家长为你的励志作文喝彩。

2. 分享与修改。若认为作文写得不错，请自愿将作文打成电子稿通过QQ分享给我（我既是班主任，也是语文老师）。老师批阅后，反馈阅读体会，提出修改建议。学生按老师要求进一步修改完善。

3. 评比展示。春季学期开学后，评出最优作品，集中展示。每个题目评出10篇优秀作文，利用两节语文课朗读优秀作品。

下面是寒假期间李佳同学通过QQ发给我的第一篇作文。

我在为谁读书

拿素质报告册那天，我的情绪经历了冰火两重天的急剧转换。起初，我是快乐的，因为我一直觉得，快乐最重要，快乐就好！

可接下来，听着老师苦口婆心的教育，看到急剧下滑的成绩，捧着素质报告册的我，瞬间就泪流满面，泣不成声。

冷静下来之后，我仔细分析了试卷，分析各门学科失分的原因。蓦然发现，退步的主要原因竟是"态度"，听课的态度、对待作业的态度、复习的态度，甚至连考试的态度都出了问题。其中，语文学科尤为突出。

翻来覆去看罢语文试卷，心中感慨万千。汉字基础部分不堪入目，扣分达到了前所未有的4分，拼音忘了加声调，汉字漏了笔画。古诗文默写因错别字扣了2分，错别字，还是错别字。看到答题卡上的错别字，脑海中慢慢浮现出往日背诵默写时的自以为是，往日写周记的马马虎虎，往日预习课文的心不在焉。

那如烟般缭绕心间的怅然在脑海中烙印成两个字：态度。

莉莉是我的好友，现在不同校了，但同在宜都，所以试卷是一样的。寒假中与她相聚，互道成绩，我暗自惊讶：单是语文这一门，她就高出了我整整10分。但是，曾经我的成绩一直比她优秀。

又恰逢我们共同的好友小池，现在，她与莉莉是同班同学，讲到莉莉，赞许之情溢于言表："莉莉是你的好友，也是我的好友，她好自律好自律。读书，她声音最亮；写作业，她字迹最工整；上自习课，她最认真……"

有比较才有鉴别，和好友比较，我更加确定：我最大的问题是"态度问题"。

妈妈曾提醒我，让我想清楚"为谁学习"的问题。妈妈，我想清楚了，我是为自己美好的未来而读书，我在为实现伟大的中国梦而读书。

终于明白，我的每一次懈怠都在影响明天的前途，每一次字迹潦草都在荒废今天的岁月，每一次敷衍都在让自己滑向深深的泥泞。

那么下一次，当自己偏离航向的时候，一定记得问一问自己："我的未来会怎样？"下一次，当自己态度不够端正的时候，一定记得问一问自己："我在为谁读书？"

读了李佳的作文，我颇为感动。她写得相当不错，我相信，她一定能说到做到。要是全班同学都像她一样，那该多好啊！于是我"提笔"给她发了一份只有八个字的邮件：没有最好，追求更好！

新学期开学后，以励志作文的评比展示为契机，我进一步引导学生：

我的汉字书写能再工整些吗？我的作文能写得更有文采吗？我的背诵能更加精准吗？我能额外做些数学作业吗？我能再多阅读一部经典名著吗？能再多积累一些英语单词吗？……

渐渐地，全班同学的精神风貌和学习状态越来越好了，学生的思想、习惯、成绩慢慢步入了中考前的最佳状态。

锦囊 82　903 班创星计划

【应用时机】

中考即将来临。

【用法解析】

初中最后一个学期,全班实行"学习创星计划":预设七个创星等级,全班同学根据自己的实际情况进行创星等级申报,组建七个创星小组,激励大家争先创优,勇创佳绩。

【实战案例】

组建创星小组

"创星计划"是一个目标激励方案,用于九年级下学期。

九年级时,我的班级建设取得了一定的成绩,已经形成了阳光、团结、进取、守纪的良好班风。九年级下学期,面对即将到来的中考,狠抓学习成绩,在全班开展"学习创星计划",激励学生努力拼搏,刻苦钻研,创造更优成绩。

一、明确创星目标

预设了七个创星等级,动员全班学生针对自身实际情况,确定努力方向,制定奋斗目标。

七个"创星等级"是:

1. 五星优秀——5+1("5"代表五门中考文化学科,"1"代表体育),要求这六门学科的得分率不低于 90%。

2. 五星良好——5+1，要求这六门学科的得分率不低于85%。

3. 四星良好——4+1（"4"代表四门中考文化学科，"1"代表体育），要求五门学科的得分率不低于80%。

4. 五星合格——5+1，要求这六门学科的得分率不低于75%。

5. 四星合格——4+1，要求这五门学科的得分率不低于70%。

6. 五星进步——要求5门中考文化学科和体育的得分率不低于60%，且成绩提升幅度不低于卷面总分的5%。

7. 四星进步——要求有3~4门中考文化学科和体育的得分率不低于50%，且成绩提升幅度不低于卷面总分的5%。

二、组建"创星小组"

按照"创星"目标，分组报名登记，形成"创星小组"。各"创星小组"民主推选创星组长，然后在组长的主持之下，制定小组规则，确定共同遵守的约定。

903班第一小组"创星规则"

1. 上课专心致志，认真听讲，积极发言。
2. 积极参加集体活动，为小组争取荣誉。
3. 高质量完成作业，书写工整，正确率高。
4. 课间严格遵守班规校纪，给全班同学做榜样。
6. 组员积极向组长建言献策，把小组建设成班级最佳小组。
7. 组员间互帮互助，形成良好风气。
8. 轮到本小组做清洁时，提前来校，认真扫地，力争获评"最清洁"。
9. 10名组员，人人争取进入班级前10名。

创星小组没有真实的小组形态。

平时，创星小组成员保持原有的小组形态，散坐于教室各处。其小组量化评价、组员量化评价、班级常规事务等，一切照旧。

三、和谐竞争，争创佳绩

每周五下午 4 点，各创星小组分组集会，进行周小结，人人说收获，个个说不足，为下周的学习生活蓄势、加油。

每周一班主任讲评时，各创星小组的中心发言人分享上周学习经验，总结提炼学习方法和体会。

结合每个月的素质监测结果进行评比表彰。对实现创星目标的同学给予表扬，督促未实现创星目标的同学分析原因，加大创星力度，力争更上一层楼。

锦囊 83　留守子女伙伴行动计划

【应用时机】

留守子女占比 50% 以上。

【用法解析】

让留守子女成为老师的"特别关注"，助其快乐成长。与优秀同学结成"死党"，助其幸福成长。寻找分数增长点，助力成绩提升。

【实战案例】

老师的"特别关注"

2019 年中考，903 班上省重点 23 人，全 A 生 5 人。这里面，特别值得一提的是，上省重点学生中，家庭异常者占比较高，5 名全 A 生有 3 人是留守子女，占比 60%。

其他 18 名重点生中有 8 人是留守子女或单亲子女（重组家庭子女），占比40%以上。考入宜昌市重点高中的16名同学中，有6人是单亲家庭，有2人父亲长年不在家，主要由母亲单独抚养，异常家庭占比50%以上。

中考结果表明，这一届学生，虽然留守子女达到了前所未有的58%，但我对留守子女、单亲子女的帮扶是非常有效的，其学习成绩进步明显，行为习惯、心理品质大为改观，世界观、人生观、价值观"三观"端正。

我实施的"留守子女伙伴行动计划"包括三个方面的举措：

一、你是"我的特别关注"

"特别关注"，是我帮扶留守子女的一个成功做法。

小静，父母在广州打工，由爷爷奶奶抚养，是典型的留守子女。

七年级时，我把孩子的爷爷奶奶请到学校，当着孩子的面对他们提出要求：父母不在家，希望爷爷奶奶扮演父母的角色，不要溺爱孩子，在学习、生活、劳动、品德等方面严格要求。并表示，我会把小静当成我的特别关注对象，现场和奶奶加微信好友，而且在我的手机上，显示的不是学生的名字，而是"我的特别关注"。

见到这几个字，小静高兴极了，她的爷爷奶奶也很高兴，他们似乎从未想到，一到初中，就成了班主任的重点关注对象。

小静的学习更有激情了，生活更有滋味了。

每次和小静单独交流时，我的第一句话便是"你是我的特别关注，最近心情如何啊？"渐渐地，小静变得开朗了，脸上时常挂着笑容，就连说话的声音也变得爽朗多了。

……

到八年级时，另外两类同学也成了"我的特别关注"。一类是单亲家庭子女，即父母离异，孩子由父母一方抚养。一类是"非典型性单亲家庭子女"，即父母一方长期在外，孩子由另一方独自抚养。

范围扩大后，"我的特别关注"扩容为14人。因为人数较多，我组建了"我的特别关注"家长微信群，重点关注他们的心理状况。遇到异常情况，及时和家长沟通，帮孩子渡过了一个又一个的学习难关、心理难关。

中考时,"我的特别关注"有 10 人考上省重点高中。其中,留守子女小静等三名同学获得了全 A 的好成绩。

二、与优秀同学结成"死党"

引导优秀同学与留守子女结成"死党",是我帮扶留守子女的又一成功做法。

小志,从小跟着外婆生活,妈妈长年在外打工,只有春节才回家团聚。

每次问起他的父亲,他都一脸茫然,继而泪流满面。因为他从未见过父亲,甚至不知道父亲的名字。

但我了解到,小志与同班的小陈住同一小区,一同上幼儿园、小学,初中后又分到一个班。小陈同学比较优秀,成绩好,喜欢打篮球,父母都在身边。为促进小志的健康成长,我萌生了让二人结成"死党"想法。

于是,着眼于深化同学友情,我举办了一个"小志与小陈结成死党"的仪式。仪式上,二人先后发言,表示要互相帮助,共同进步。小陈的家长也现场发言,欢迎小志常到家里去玩。我和全班同学对他二人结成死党表示热烈祝贺。

此后,二人的友情更加深厚。不知不觉中,小志同学的人生观、价值观受到了小陈家长的影响,小陈的生活习惯、学习习惯以及言行举止也时时影响着小志。逐渐地,小志变得更加上进了,心里更加阳光了。课间,常见二人在一起嬉闹,我看在眼里,喜在心里。

我不失时机地通过微信和小志的妈妈联系,希望她向孩子介绍其父亲的情况,如果有难言之隐,可以给孩子虚构一个父亲,让孩子的脑海里时刻有一个正能量的"父亲"形象。家长听从我的建议,给孩子虚构了一个热爱工作的父亲。

从此之后,小志的生活激情和学习热情越烧越旺。甚至,有几次大型考试,他的成绩超过了小陈同学。

中考时,小志的成绩是全 A。

填中考志愿那天,我对他妈妈说,孩子有今天的成绩,离不开家长和老师的努力，尤其离不开他的"死党"小陈同学的正面影响，他是沾了同学的光。

三、远离"中等成绩陷阱"

通过七年级、八年级的努力，班上留守子女的精神状况、生活状况、学习状况有了极大的改观，甚至有一部分同学的成绩上升为中等层次、优秀层次。但是，由于大部分留守子女的家庭教育是缺失的，其学习习惯、心理品质不尽如人意，往往会陷入"中等成绩陷阱"。

何为"中等成绩陷阱"？

平常，903班进入年级前250名的只有28人，在此基础上，我将紧随其后的10人的成绩视为"中等成绩陷阱"。若这10人发奋刻苦，则极有可能考上省重点高中，若稍有自满和松懈，则极有可能与普高无缘，只能读职高。而这10人，有8人是留守子女或单亲子女（含非典型性单亲家庭子女）。

我对陷入"中等成绩陷阱"的同学的帮扶措施是"寻找分数增长点"。

以语文学科的阅读题为例，成绩中等生往往忽视题目中的"哪些""果然""分别""侧面"等词语的特殊含义，导致答题失误。关注类似的限制性词语，分数就能增长。

我给留守子女每人一个本子，本子的封面上有我亲自题写的"分数增长点"几个大字，然后督促学生及时做好记录。每天下晚自习时，学习委员收齐记录本，第二天早上我一上班就批阅下发。

通过半年的坚持，10名身陷"中等成绩陷阱"的同学进步明显。7人考上省级重点高中。

综上所述，我的"留守子女伙伴行动计划"就是：让留守子女成为老师的"特别关注"，从老师那里吮吸成长的甘露；引导留守子女与优秀同学结成"死党"，从优秀学生身上汲取成长的正能量；帮留守子女寻找分数增长点，快速提升学习成绩。

锦囊 84　学长寄语

【应用时机】

九年级下学期开学第一周。

【用法解析】

把往届学长请进教室，请他们描述大学校园，回顾初中最后阶段的学习、生活，发表"学长寄语"，传播生命正能量，为最后的冲刺鼓劲。

【实战案例】

学长访谈会

九年级下学期伊始，趁着大学生们还未上学，我请来我教过的往届学生，给毕业生们来一场头脑风暴，为中考前的最后几个月加油鼓劲。

主题班会以"学长访谈会"的方式进行，活动过程如下：

一、征集访谈话题

春季开学第一天，我就广而告之：有五位优秀学长将来我们教室，接受大家的访谈，为同学们加油鼓劲。这五位学长是：三峡大学硕士研究生陈昊南、西南民族大学硕士研究生刘武杨、武汉测绘大学博士周心山、武汉大学大三学长李韵飞、华中科技大学大三学长唐小冉。现向大家征集访谈话题，经过班委会的汇总筛选，确定最终访谈题目。

很快，每个同学上交了两个访谈题目。经过汇总筛选，确定了以下十个访谈话题：

1.请你介绍一下现在就读的大学。

2. 作为学霸,你九年级时的目标是什么?

3. 九下的双休日,你还有体育活动吗?

4. 你如何看待初中生谈恋爱?

5. 中考前你弱科的学习状态是怎样的?

6. 你九年级时和老师发生过矛盾吗?

7. 九年级你们还看小说吗?

8. 进入九年级后你干的最疯狂的事是什么?

9. 如果有人干扰你的学习,你会怎么处理?

10. 请发布你的"学长寄语"。

二、组织开展"学长访谈会"

教室布置:教室中间,七把办公椅环状摆放。两名主持人、五名学长随机环形就座,两位主持人不能挨着坐,中间需隔三人。全班同学围坐四周。

主持人:小希(男)、小洁(女)。

学长访谈录:

(介绍、问候,略。)

1. 晒晒你的大学。

男主持人:各位学长,你们就读的学校是中国很好的大学,学弟学妹们心生向往,无比羡慕。请你们用简洁的语言介绍你们的大学。那位学长先来!

……

(学长依次介绍各自就读的大学,同时,多媒体播放大学校园图片PPT。)

2. 回忆九年级生活。

女主持人:非常感谢各位学长,通过你们的介绍,这些大学已经成了我们将来的目标,成了我们的大学首选学校。接下来,请各位回顾难忘的九年级时光。我们全班同学准备了八个话题,我们将分别采访各位。因时间关系,每个话题允许有两位学长分享。

（学长分享九年级学习生活的过程，略。）

3.发布"学长寄语"。

男主持人：刚才，各位学长的分享是对我们极大的鼓舞，我感觉热情澎湃，干劲十足。

女主持人：接下来，最激动人心的时刻就要来了，五位学长将满怀深情地发布"学长寄语"。

这是今天的最后一轮发言，我们按座位顺序来，从坐在我身边的周博士开始，有请！

武汉测绘大学学长周心山：一天可能无足轻重，但是，你们最后的五个月就是由一天一天连接而成的。珍惜每一天，走好每一步！向前走，莫停留！

武汉大学学长李韵飞：我一直很相信自己。考上市一中，是因为我自信，考上名牌大学，是因为我相信自己。而你们，和我一样，除了相信自己，别无他途。加油，你是最棒的。

三峡大学学长陈昊南：我想把三国时期虞翻的一句名言送给大家——自助者天助之。这是我的座右铭。我坚信，能扶助自己的人，老天一定会眷顾他。

西南民族大学学长刘武杨：关注当下，才能做好眼前的事。走好眼前的一小步，再去走下一步，如此反复，再大的困难也能克服，再艰巨的任务也能完成。加油，我的学弟学妹！

华中科技大学学长唐小冉：我给大家的寄语是八个字——全力以赴，义无反顾。这八个字，需以意志为左翅，以专注为右翅，咬定苍天，铆足干劲，直飞蓝天。你们看，前方就是市一中，快到了，加油！

第五章

探究家校合作之策

家校合作有两条重要原则:
一是寻求家长配合,
二是给家长当好参谋。

家校共建有两个重要目的:
一是改善生活状态,
二是优化学习成绩。

第一节　寻求配合

锦囊 85　家长的配合让老师更有底气

【应用时机】

家长不配合学校教育。

【用法解析】

通过电话、微信、QQ、家长会等向家长强调：有家长的配合，老师的教育会更有底气，教育效果会更好，孩子定然前途无量。如果家长不配合学校教育，甚至公开反对，教育效果将会大打折扣。

【实战案例】

幸运的思思与不幸的西西

每次开家长会，我都要向家长强调：你的配合让我的教育更有底气。若非如此，孩子的成长会更加曲折。来看这样一个案例：

晚自习时，老师安排学生做独立作业。邻座的西西（女）、思思（女）、晓杨（男）、东东（男）不遵守课堂纪律，旁若无人地讲话。老师多次批评无效。

西西甚至肆无忌惮地向老师提出这样的要求：老师，我心里烦，申请到教室外面去。鉴于她严重干扰课堂秩序，老师同意了她的要求，但提醒她不能离开教室外面的走廊。不一会儿，东东也申请到教室外面去。于是教室外的走廊成了新的聊天室。

次日，班主任了解情况后，一方面严厉批评了四人的违纪行为，一方面请求家长支持，略施薄惩：于本周四数学晚自习时，将学生带回家，使其反思过错，确定努力方向。

在了解了孩子的违纪行为和老师的请求后，思思、晓杨、东东三位同学的家长没有异议，并就孩子的不良表现向老师表示了歉意。唯有西西的家长反对，她说，本周四要上夜班，家里没有人陪伴，拒绝把孩子带回家反思、居家自习。

有家长配合，老师的教育会更有底气。此后，班主任通过微信、QQ和思思、晓杨、东东三位同学的家长适时交流，及时纠错。三位同学虽进步缓慢，但毕竟在"往前走"，一直在进步着。

其中，女生思思迷恋手机，无心学习。后来发展到厌学，离家出走。她离家出走，并非远走他乡，而是游走于网吧。

她每次出走都是星期日下午，因为星期日下午是双休返校上学的时候。每次接到老师的电话，家长都积极配合，向老师报告相关情况，在作出离家出走的判断后立刻报警，请求公安机关将孩子找回家。每次找回孩子，家长都会请老师到家里做孩子的思想工作。

在孩子又一次离家出走后，家长请求警方和本地有名的西点学校联手，将孩子直接从网吧送到了西点学校。西点学校是一所以行走为主要教育方式的特别学校，思思在这里受到了很好的教育。进校不久，思思便提出要补习文化课。而家长呢，不厌其烦，每天从各科老师那儿领取学习任务，送到西点学校，次日，再将做好的作业送回来请老师批改。

体育中考时，班主任亲自开车，约上我，把孩子从西点学校接回来参加体育中考。那天，思思给我的印象是：面色红润，面带微笑，步履轻快，精神状况很好。

思思是幸运的。这是西点学校的功劳，更是家长的功劳，是家校配合的功劳。

但是，西西同学就没有这么幸运了。如前所述，那次数学晚自习违纪后，孩子妈妈说孩子的父亲早逝，她晚上要上夜班，要养家糊口，那个星期四晚自习，家里没人陪伴孩子，只能在教室自习。后来，一个偶然的机会，班主任发现家长在撒谎，家长根本不上夜班，她晚上的"工作"是上麻将馆打麻将。

此后，西西同学的违纪表现越来越放肆，对于她的教育，班主任越来越感到棘手。八年级一年之中，班主任四次向校长书面汇报该生的异常表现，十余次向政教室领导求助。原因显而易见，家长不配合，学校教育苍白无力。

有一次，思品老师发现她心不在焉，走过去关切地问："怎么啦，西西同学？怎么连教材都没拿出来啊？"没想到，一句关心的话得到的回应是："我心里烦，别吵我，滚开些！"

到九年级时，终于出现了极端情况：西西同学和当地一无业游民（有犯罪前科，已有家室）同居了，拒绝回家，拒绝上学，整日游走于网吧、宾馆之间。就连中考，都是老师、家长通过电话做了十多次工作，她才同意参加。

看到这里，读者可能有个疑问，未成年人和无业游民同居，家长为什么不报警？因为家长觉得：就算警方把孩子找回了家，孩子还会再跑，不如不报警。

实际工作中，有的家长认为老师管孩子就是与孩子过不去，找家长就是与家长过不去。甚至还有家长来学校辱骂、殴打老师。如此，老师在教育孩子时，虽然理直气壮，却底气不足。

学生毕竟还小，无论是在校违纪，还是在社会上出了状况，当老师请求家长配合时，家长应该摆正心态，立即行动。这样，无论问题有多大，老师都会底气十足地进行教育，教育效果一定会更好。

锦囊 86　你不来校，我去家访

【应用时机】

家长拒绝来校配合教育。

【用法解析】

为了让家长及时了解孩子的表现，在家长不能来校配合教育的情况下，班主任应该及时家访，和家长交流情况，引起家长的高度重视，帮孩子克服成长路上的障碍。

【实战案例】

遇上情绪失控的学生

林珊是中途转到我班上的一名女生，家长是做油漆生意的。因为生意好，家长特别忙，很少管孩子。林珊同学的性格有点怪，常常在毫无征兆的情况下爆发雷霆之怒，让人猝不及防。

有一天做完课间操后，林珊和同桌李冰一同回教室，两人手牵着手，静静地走着，不言不语。走到教室门口时，林珊突然甩开李冰的手，用力地推了李冰一把，大声地说："你怎么把书放在我的课桌上？你这人怎么如此不堪？我的就是我的，你的就是你的，这像什么话！你赶快把书从我的桌子上拿回去，不然我和你没完。"

原来，李冰同学出去上操时，随手把一本书放在了林珊的桌子上。"多大点事儿，值得你如此大吼大叫吗？"李冰眼里含着泪水，哽咽着说。

"我这叫大吼大叫吗？好，那我就来大吼大叫，你给我滚，我不要你和我同桌！"边说边把李冰桌上的书本资料往地上扔。

李冰非常委屈，哭着跑出了教室。

我接到班长的报告时，已不见了李冰的踪影。我赶忙给门房保安打电话。保安说，刚才没有人出校门。我又和保安一起在校园里找，结果，发现李冰一个人蹲在操场的一角，在那里失声痛哭。"周老师，我不和林珊同桌了，我不想和她在一个班读书，我实在受不了她，有她在教室里坐着，我没法进教室！"李冰哭着说。

通过细致的思想工作，李冰的情绪有所缓和，我便带着她回教室里上课。到教室门口时，我发现林珊竟然像个没事儿人一样，正微笑着听课呢。

征得上课老师同意后，我把林珊同学请进了办公室。

我把李冰同学刚才的反应和要求说给她听，希望她能真诚地向李冰道歉。她的反应又让我吃了一惊："老师，不就是赔礼道歉吗？我错了，我马上当众给她赔礼道歉。"暴风雨来得快，去得也快，她的情绪又来了个180度的大转弯。接下来，我让林珊同学在办公室写清事实经过，写好道歉书。下课后，利用课间时分，我让林珊同学当众宣读了道歉书。

事情告一段落后，我和林珊的家长电话联系，向家长报告了孩子的表现，希望家长到学校来一下，共同商议林珊同学的教育问题。没想到家长在电话中说："老师啊，我今天特别忙，改天来找你，行吗？"

学生的情绪极易失控，家长却不怎么着急，我有点束手无策了。但我不能放弃，我必须步步跟进。"林珊家长啊，没关系，你不能来校的话，我去家访！"说完我挂了电话。

我带着林珊写的事情经过和道歉书，来到了她家的店铺里，孩子的父母都在，父亲正在接待顾客，见我来了，连忙招呼孩子的妈妈接待顾客。我随他来到他二楼的办公室。

我平静地说："家长啊，事情本来已经解决了，但我希望家长重视孩子的异常表现，加强引导。"边说边把林珊写的东西交给他看。

"这孩子从小就这样，暴风雨说来就来，说走就走。"家长看完孩子写的材料后说。

我严肃地说："她的问题是——不能很好地控制自己的情绪。长此以往，无论她到哪儿，都是一个火药桶，只要有一丁点儿火星，就会爆炸。这对她将来的发展非常不利，我们做长辈的，一定要想办法帮助孩子，让她学会控制自己的情绪……"

听完我的话，家长恍然大悟，动容地说："周老师，非常感谢你能来家访，你让我明白了孩子身上的'病根'，我们家长一定会想办法的，让她逐渐学会控制自己的情绪，也请老师继续关注我的孩子。"

锦囊 87　和家长"斗合子"

【应用时机】

学生沉迷手机。

【用法解析】

"斗合子",就是老师和家长联合起来,协同配合,共同制定教育对策,一起实施教育方案,从而转变学生思想,矫正学生言行。

【实战案例】

学生的郑重承诺

在教育部出台禁止学生带手机进教室的规定之前,我就坚决反对学生带手机进学校。但由于个别学生小学就开始用手机,控制起来很难。家长虽然愿意配合学校,但有的孩子根本不听家长的话。

怎么办?可以和家长一起"斗合子"。

2015年放寒假时,陈茜子找我要手机。她的手机是期末考试前在教室里被我没收的。当时,她正沉迷于看网络小说。

把手机还给学生的同时,我给家长打电话,强调不准带手机的班规,并要求春季学期开学时,家长和学生一起到办公室找我,由学生当着老师和家长的面承诺不再带手机进教室。

春季学期开学前,我电话联系孩子爸爸,再次提到禁止孩子带手机进校园的事,请求家长配合。

孩子爸爸有些无奈,他说:"父母的话,孩子基本上不听。玩手机的事,家长也很恼火。只要能制止孩子玩手机,一定配合老师!"

我对家长说:"孩子在学校不听老师的话,在家里不听家长的话,都很常见,若是家长、老师同时在场,家长的话孩子会听,老师的话孩子也会很在乎。为了遏止孩子带手机进教室,请家长务必配合。"

接下来,我们在电话中"斗合子",并最终商定:

1. 报名那天,家长带着孩子早点来校,我 7:30 在办公室里等候。

2. 见面后,老师先"批评"家长没有管住学生的手机。然后提出新的管理举措:本学期,若学生违规携带手机进教室,将请家长进教室陪读,近距离监督。

3. 家长当着孩子的面向老师表态:一定按学校要求监督学生,绝不让孩子把手机带到学校来。

4. 要求学生当场作出不带手机进教室的承诺。

报名那天,家长领着孩子如约来到我的办公室。按照事先约定,我当着孩子的面"批评"家长:"上学期放假前,学生把手机带到学校来,被我没收,这是家长未严格管理造成的结果,是对孩子的不负责任。孩子若继续沉迷手机,学习会受到极大的影响。本学期,如果学生继续带手机进教室,我将请家长进教室陪读。"

接着,孩子爸爸当着孩子的面给我道歉:"老师对不起,是我们当家长的疏忽了,我们轻视了手机的危害,我代表全家向老师道歉,希望老师继续严格要求孩子。"

最后,我对陈茜子说:"不再把手机带到学校来,你肯定能做到。请你向老师、家长作出承诺。"此情此景,陈茜子虽然有些勉强,但还是郑重承诺:"从今往后,我绝不带手机进教室,请家长放心,请老师相信我……"

此后,陈茜子再也没有带手机进校园。

这是家校牵手"斗合子",有效教育学生的成功案例。

锦囊88 和家长一起穿越

【应用时机】

家长轻视学生的错误。

【用法解析】

此"穿越"非彼"穿越",特指引导家长回忆过去的学习经历,引发家长对家庭教育的重视,优化教育环境,改进教育措施,促使孩子进步。

【实战案例】

回到家长的初中时代

晓杰是一名令老师头疼的学生。他上课时有点闷,但一出教室,就如鱼入大海,虎入山林,特别活泼,总是和同学打打闹闹。他个头高,力气大,常把同学弄得眼泪汪汪的。同学不和他玩,他就用双臂铁环般死死地抱着别人,直到别人同意和他玩为止。时不时会有兄弟班级的班主任来找我"理论"。没办法,我打电话找来了家长。

可家长一开口,我便愣住了:"老师啊,我觉得儿子还算是比较听话的。我跟你说,我小时候比儿子还调皮,我读初中时,是学校里最调皮的,老师都拿我没辙。和我相比,我觉得儿子的表现已经相当不错了。"

起初,我觉得这话很不中听,但听家长的语气,看家长的表情,又觉得家长没有恶意,他只是表达了他的真实想法。

我稍作思考,便打定主意,决定和家长一起"穿越",回顾他的学生时代。因为从年龄上看,他读中学时,我已经参加工作了,兴许我们能找到共同语言。

"晓杰爸爸，看你的年龄，你读中学时，我应该已经身为人师了，要不，我们也学学电视剧，来一次穿越，穿越到你的中学时代？你初中是在哪儿上的学？"我有意识地主导谈话内容。

"松木坪中学。"家长不假思索地说。

"怪不得我对你有似曾相识的感觉，原来如此，我在松木坪中学工作了13年。你是哪一届的？"我赶紧套近乎，引导他回顾他的中学生活。

"我1990年初中毕业……啊，我想起来了，我初中毕业那年，没有音乐老师，周老师你还教我们唱过歌呢！"晓杰爸爸恍然大悟，有些激动。

"对啊对啊！参加工作的头两年，我是一会儿教语文，一会儿教数学，一会儿教体育，一会儿教音乐……唉！比起现在的孩子，你们的中学时代可苦多喽！"我继续主导谈话内容。

"是啊，周老师，那时不仅生活条件差，父母对我们读书也没什么要求。我家兄弟四个，我是老二，我老爹总说：'赶快把初中读完，去学门手艺，好养活自己。'这不，初中毕业后，我就学了泥瓦匠，走乡串户，给人家起房子。"晓杰爸爸显然对现在的生活不是很满意。

"你初中毕业后，就没想读中专，或者读高中？"我进一步"刺激"他。

"其实，我的成绩倒不是很差，高中是考上了，但是……唉，不堪回首啊！"

"所以，你才把儿子送到我们学校，希望儿子有个好前程。"

"是啊，还请周老师对晓杰多多费心。"晓杰爸爸被我成功引入正题。

"其实晓杰这孩子还是挺聪明的，就是好玩儿，没有好的学习习惯。要想他取得显著进步，还需要你们当家长的积极配合学校，扭转孩子身上的问题。"话题又回归到学生的错误表现上来了。

……

后面的谈话顺风顺水，取得了很好的交流效果。

家长表示：一定严格落实老师的要求，力争每周到学校和老师交流一次——了解孩子的进步和不足，配合学校，采取措施，督促孩子不断前进。

家长是极其重要的管理资源，特殊学生的家长尤其要重视。

很多学生之所以成为问题学生，与家长有很大的关联。但是，和优秀孩子家长一样，他们也希望孩子有光明的前途。如果我们埋怨家长，远离家长，孩子的教育难度将会更大。

只有找准病根，用对方法，对症下药，才能惊醒梦中人，使孩子的家庭教育回归正常轨道。

锦囊 89　制作特别的视频

【应用时机】

家长在老师办公室里打孩子。

【用法解析】

我曾经亲手制作过一个特别的视频，视频画面是家长打孩子的照片，视频背景音乐是流行歌曲《真的好想你》，歌词由我亲自创作，并由当事人亲口唱录而成。

【实战案例】

特别的视频

这特别的视频，是为校正家长的认识而制作的。

鲁山是 2013 届学生，他比较调皮，常和同学打闹。有一次，和四班的一名男生发生打架斗殴事件，双方都受了伤，鲁山的鼻子被打出了血，对方的脸被打肿了，嘴角出了血。

事情发生后，我和四班班主任分别通知家长来校协助处理。

鲁山的家长来到我办公室后，我向他简要介绍了事情的经过，并和他商定，把孩子喊到办公室来进行教育。

随后，我来到教室，把鲁山同学喊出教室，告诉他："你家长到我这儿来了，而且他已经大致了解了你打架的事情。现在请你到办公室去，我们一起来反思。"

听说家长来了，鲁山同学的表情很不自然，非常不情愿地跟着我进了办公室。

"来，儿子，到我身边来。"家长招呼道。

鲁山战战兢兢，几乎是哆嗦着走到家长身边。

"你个龟儿子，怎么又打架了？我是怎么跟你说的？看我不揍死你……"家长边说边一巴掌扇到了儿子的脸上，接着，左一巴掌，右一巴掌，边说边打，办公室里只听得见啪啪的响声和孩子呜呜的哭声。

我没想到家长会这样，刚才还好好的，怎么说打人就打人，我连忙站起来说："鲁山家长，这可不行，你怎么能在老师办公室里打孩子呢？"

"没事儿，我这孩子不听话，不给他松松皮，他不会成人。"家长咬着牙狠狠地说。

我赶紧过去，把鲁山拉到了我这边。

……

事后，我询问鲁山同学："你爸爸是不是常打你？"

"他总是这样，只要我犯了错，他就会把我拉到他身边，一边说，一边用手打我脸。"鲁山一脸的委屈。

显而易见，这种教育方式是错误的，我决定做点什么。

经过反复斟酌，我想利用家长在办公室打孩子留下的监控视频，制作一个名为《好想对你说》的视频。

视频的歌由鲁山自己唱，画面是从家长打孩子的监控视频里截取的25张照片，背景音乐是《真的好想你》。我重新填写歌词，利用鲁山会唱歌的特长，让他改唱并录制这首歌，并将歌名改为《好想对你说》。

歌词是这样的：

好想对你说，我在夜里恳求父亲，亲爱的父亲哟你知道我的心，别再伤害我的自尊。好想对你说,我在黎明恳求父亲,天上的星星哟你了解我的心,爸爸别再打我。千山万水都知道父亲你对我的爱,月亮轻轻抚摸儿子红肿的脸庞。好想对你说,以后千万别再打我,心头的寒冷哟将很快散去,愿笑容充满你的心。你的笑容里藏有威严,让我望而生畏,你的身影就像座大山,压得我好累。好想对你说,你真的不能再打我,寒冷的冬天哟才会离我而去,你是我的亲亲父亲。

最后我利用软件将其制作成《好想对你说》视频。

视频录好后,我放给鲁山同学看,并告诉他我的想法:将这个视频放给他爸爸看,以杜绝家长对他的打骂。鲁山非常同意我的做法。

视频的制作拉近了我和学生的关系,增进了我们师生间的感情。

后来,我找了一个恰当的机会,请来了鲁山家长,对他说:"这次孩子没犯什么错,相反,他取得了很大的进步,找你来,是想向你报告孩子的进步……"

交流完孩子的近况,我打开电脑对家长说,我们一起来看一个视频,是我制作的,希望家长看后别怪我,就算你怪我,我也认了,只是希望家长以后别当众打孩子。

……

看完这段视频,家长沉默了好一会儿,尴尬地笑笑说:"我好像真的不该打孩子。"

锦囊90 老师不能点石成金

【应用时机】

调皮孩子刚转进我班时。

【用法解析】

寻求家长配合，就必须警醒家长：优秀的教育成果离不开家长的配合，那种把孩子交给"名师"，然后坐等孩子优秀起来的想法，是不切实际的幻想。

【实战案例】

我和家长的育儿约定

虽然教师能够创造优秀的教育成果，但他不能点石成金。

我班转来一名学生，他叫周林，来自惠州，是从九年级降至八年级转到我班的。

一天上午，孩子父母来到我办公室，希望我对孩子严格要求。孩子父亲说："我家周林在惠州上学时，学习成绩还可以，属于中等，但是纪律观念不强，常违反纪律，我们家长常常因孩子违纪违规而被请到学校。我和他妈妈工作实在太忙，没时间顾他，这才把他转回宜都读书，由婆婆爷爷帮忙照管。"

"听校长介绍，周老师管理学生很有办法，是非常优秀的班主任，因此，把孩子放到您班上，我们是非常放心的。"

凭经验，我隐隐约约感觉到，孩子可能是因为异常表现而被迫转到我校的，便追问："能把孩子转学的具体原因告诉我吗？这样我才能有的放矢地教育孩子。"

"这个……唉……那个……"孩子父亲吞吞吐吐，"唉，实话告诉您吧，孩子太调皮，发生打斗事件，把别人打伤了。"

见家长如实相告，我也坦陈观点："既然是因为我管理严格才把孩子转到我班，那么，我得请求家长全力配合。学校不是万能的，教育孩子不能光靠老师，如果你们家长不能配合，我不能保证孩子会有大的进步。作为老师，无论我多么'优秀'，我也不能点石成金！"

家长说："周老师，您放心，我们一定配合。"

接下来，我和家长共同商定了如下育儿约定：

1. 父母双方不能都远离孩子，至少要有一位家长留在孩子身边，既让孩子享受家庭的温暖，又便于适时监管孩子，开展有针对性的教育。

2. 如果孩子表现异常，家庭须及时配合学校。学校有时会邀请家长来校，老师有时会去家访，有时需要家长、老师、学生三方同时在场。

3. 家长需及时向老师通报孩子双休时的家庭表现，老师也需及时将孩子在学校的表现告知家长。

最后，我再次真诚地向家长强调："我真的没有点石成金的本事，希望我们共同努力。如果学生进步明显，一定是家长辛苦教育的结果，一定是孩子积极上进的结果。当然，也是老师苦口婆心教化的结果。"

这是表态，意思是：放心，周老师会尽其所能地教育孩子。

也是希望，意思是：希望家长努力配合学校，形成育人合力。

锦囊 91　可以协助，但无法替代

【应用时机】

家长事无巨细地求助老师。

【用法解析】

要让家长明白这样一个道理：家长是家庭教育的主角，家长必须独当一面，全面负责孩子的家庭教育。

【实战案例】

家长，你才是主角

家长为家庭教育问题求助于老师，不仅理所当然，而且应该成为一种常态。但是，若家长对孩子在家里的表现，事无巨细全都求助于老师，就不正常了。

这天，张兰家长在微信里的话又让我无语了。他说："老师，你是班主任，你得帮我管管孩子，他做家庭作业时老是在电脑上查答案……我说再多也不管用。"

张兰家长每天都有这样的电话或微信求助，诸如：

"老师，孩子不愿意跟我去走亲戚。你快帮忙劝劝他！"

"老师，孩子老是和邻居家的孩子腻在一起，你帮我说说他，让他别这样！"

"老师，你帮我管管，我们家张兰又到楼下去买垃圾食品了！"

"老师，拜托拜托，快给我儿子打个电话，他又在玩游戏了！"

渐渐地，我开始反思：孩子在家里，理当由家长管。管理有难度，偶尔向老师求助，也正常。但是，凡事都要老师电话遥控，"协助家长"就变成了"代替家长"。这样做，可能会导致三个方面的不良后果：

其一，它会使管理措施不能及时到位。家长求助老师，老师再通过电话提醒、批评学生，这个过程有个中间环节：家长求助。这个中间环节容易出问题，比如：老师的手机没电，老师的电话打不通，学生不接老师的电话等。

其二，什么事都要老师出马，会导致家长威信下降，甚至完全管不了孩子的严重后果。

其三，事事求助老师，久而久之，会导致家庭教育的主观能动性下降，教育智慧得不到提高，甚至导致家长推脱教育责任。有朝一日，学生步入社会了，家长又该如何？

面对家长的微信，我想作些改变。

沉思一会儿后，我在微信里对家长说："家庭教育你是主角，我虽能帮助你，却无法代替你，请你多动脑筋，多想办法。家长好好学习，学生才能天天进步。"

回复完微信，放下手机，望望窗外，顿时觉得：今儿的天气真好！

锦囊92 督促，不只是问问而已

【应用时机】

学生当着老师的面向家长撒谎。

【用法解析】

寻求家长配合，就必须提醒家长：督促孩子作业，不只是问问而已。要尽可能地了解孩子的家庭作业情况，至少要亲眼看一看，是否每道题都做了，要仔细瞧一瞧，看态度是否端正。

【实战案例】

小添当面撒谎

星期一早上，语、数、外三位科代表都向我反映小添没交作业。

于是，我把小添请到办公室："你的各科作业都没交，是怎么回事儿？"

小添有些心虚，眼神躲躲闪闪的，不敢和我对视："我……我……"然后呼出了一口长气，说道："我都做了，但很多题不会做，没做完……"

"同学！这怎么行啊？你妈妈不是刚刚来过学校吗？她跟我说要好好督促你做完作业的。我得打个电话问问。"说着，我打通了小添妈妈的电话："小添妈妈吗？今天早上，小添语、数、外三科作业都没交，这个周的双休作业，你督促了没有啊？"

"周老师，昨天晚上，我问了他的呀。他说作业都完成了呀。要不，您把手机给孩子，我再问问他。"孩子妈妈似乎不相信，直接在手机里质问孩子："小添，你不是说作业做完了吗？"

接下来的事，更加出乎我的意料，小添竟然当着我的面向家长撒谎，他通过手机对家长说："我……我……都做完了，只有几道数学题未做完。"

我很是不满，对小添说："是科代表冤枉了你，还是我冤枉了你？"然后接过手机。后来，家长又说了些什么，我全然没有听进去。

平静下来后，我的脑海中依然想着这件事，孩子为什么会当着我的面向家长撒谎？

午休时，我又把小添请到办公室，问道："同学啊，你为什么会撒谎？能告诉我原因吗？"小添怯怯地说："我妈妈说过，我要是犯了错误，要先取得老师的原谅，老师原谅我了，她才会原谅我，否则，她是不会原谅我的！"

我终于明白了，学生知道，老师是不会把他怎么样的，就算是撒谎了，也一定会原谅他，而他的妈妈则不然。明白了这一点，我不仅没有释然，反而充满了恐惧与不安。

接下来，我要向家长证明，小添刚才是当着老师的面向家长撒谎。然后，再请求家长采取更加有效的措施督促双休作业。我把小添的各科作业都收上来，请各科老师对小添尚未完成的作业进行批改并写批语，然后用手机拍照发给家长。

做完这些后，我拨通了小添妈妈的电话，电话中，我肯定了家长对孩子教育的重视，并向她表示敬意。然后提醒家长："督促孩子写作业，绝不只是问问而已。学生之所以敢当着老师的面撒谎，是因为孩子只害怕家长，他知道老师不会把他怎么样。要使这种情况得到改善，务必请家长细致了解孩子的家庭作业情况，比如完成了几道题，书写质量如何，有多少题孩子不会做，等等。只有关注学生具体的细节表现，才能断了学生撒谎的念头。"

锦囊 93　甘为和事佬

【应用时机】

孩子父母与祖父母两代家长的教育思想相左，教育行为相悖。

【用法解析】

协助制定家庭教育公约，两代家长共同遵守：孩子的教育必须以法定监护人（父母）为主，留守子女的教育以临时监护人为主。两代家长在孩子的教育上出现矛盾时，不要发生剧烈冲突，要冷静协商，必要时，可征求老师的意见。

【实战案例】

两代人的教育纠纷

甘为和事佬，即协调学生家长之间的教育思想和教育方法，使学生父母、祖父母对学生的教育劲往一处使，心往一处想。

案例一 双双受到双重教育

双双的父母和祖父母在孩子教育方面存在严重冲突。祖父母溺爱孙子，生怕孩子吃苦受累，孩子做作业时间稍长了些，便端着水或拿着零食到孩子身边，嘘寒问暖；开运动会时，两位老人会来学校，全天候陪同，即使双双对其恶语相加，他们依然无怨无悔地关爱着孙子。双双父母则是另一个极端，他们基本上不管孩子，他们认为，学生的成长主要靠自己，家长不能太关爱。

于是，父母和祖父母之间，便常常发生"战争"，祖父母总是拿出"老人"威风，以势服人，实在说不过孩子父母，便动用"家法"——用竹棍鞭打孩子父母。更为严重的是，这种"家法"有时是当着孩子的面实施的。

显而易见，双双父母和祖父母之间的矛盾已经影响到了孩子的健康成长，如果情况得不到改善，后果会越来越严重。

案例二 老师，别再给孩子妈妈打电话了

昨天晚上，接到祉祉奶奶的电话，电话内容实在少见，却又极具代表性。

孩子奶奶说:"周老师,我想给您提个要求,今后,我孙子有什么问题,比如作业没做完啦,上课不听讲啦,请您不要给我儿媳妇打电话,直接给我打电话。"

我很不理解,问道:"奶奶啊,为什么呀?孩子有什么问题,应该和孩子父母交流啊。"

紧接着,电话里一阵沉默。

过了一会儿,在我"喂!喂!"的呼叫声中,传来一声长长的叹息"唉——"

"周老师,您有所不知啊!我儿子媳妇在深圳打工,他们将孩子留在家里,交给我管教。刚才,我儿媳打来电话,批了我一顿,说我没把孩子管好。老师啊,我……唉——"

原来,奶奶受委屈,是我惹的祸。刚才,我给孩子妈妈打电话,告知他孩子没完成双休作业。转眼之间,孩子妈妈便把我的通报转化为对奶奶的责备。

值得庆幸的是,上述案例中的冲突双方都把我当成"自己人",都找我诉说孩子教育方面的苦闷,希望得到我的帮助。

矛盾冲突的根本是:孩子的父母主张严格惩戒孩子的过错,并多次对学生实施体罚,而爷爷奶奶则对孩子溺爱有加。

经过仔细琢磨,我决定充当和事佬,协调矛盾双方,统一观点,形成教育合力。具体做法是:

一、肯定正确的一面

每次交流,我都充分肯定爷爷奶奶一心一意为了孩子,希望孩子健康成长的美好愿望;充分肯定孩子父母严格要求孩子的良苦用心,正所谓"吃的不少,打的不饶!"

二、给孩子话语权

在与孩子交流中得知,双双既不满意于爷爷奶奶的无微不至,也不满意于父母的严格惩戒。为此,我制造机会,让孩子好好"教训"了爷爷奶奶和父母一顿。那次,双休作业比较多,学生没有完成家庭作业,我和颜悦色地询问原因,他竟满是怨气:"都是爷爷奶奶惹的祸——做作业时,奶奶老是'逗我',不是问我喝不喝牛奶,就是问我吃不吃水果。爸爸呢,我做作业时他不管,知晓我还未完成作业后,便劈头盖脸地训斥我一顿。"

借着孩子未完成作业,我把孩子的爷爷、爸爸都请到学校,让学生把先前对我说的话,再对家长说一遍。然后,我向孩子的爷爷、爸爸提出了一个思考题:家长如何做,才能更好地帮助学生?

三、老师的约法三章

双双是体育尖子生,运动会时,是我班的主要得分选手,可是,那次运动会却遭到了爷爷的反对:何必把自己搞这么苦,1500米长跑你绝不能参加!

知道爷爷的态度后,我又把孩子的爷爷和爸爸都请到学校,这次,我表现得比较强势,促使双方约定了三条教育原则:

1. 父母是孩子的法定监护人,承担家庭教育的主要责任,学生出现异常情况后,父母应勇于承担教育责任,不能把责任推给爷爷奶奶;留守子女的教育以临时监护人(婆婆爷爷)为主,但父母责无旁贷,应通过电话、微信适时关注,协助管理。

2. 爸爸妈妈、爷爷奶奶是孩子成长的重要力量,若是三世同堂,都在孩子的身边,两代家长要通过协商,确定教育原则,实施教育措施。

3. 两代家长在孩子的教育上出现冲突时,以冷静协商为主,协商不成,可征求一下老师的意见。不要当着孩子的面争吵,绝对禁止奶奶爷爷当着孙子的面对儿子实施所谓的"家法"。

约法三章之后,学生的家庭教育环境有了一定程度的改善。

锦囊 94　QQ 群里群聊好

【应用时机】

创建家长 QQ 群之后。

【用法解析】

建设好家长 QQ 群，是争取家长配合的捷径。我发布的班内信息、育人金句、教育现象等，总能引起家长的热情互动。家长发布的成长困惑、病情求助、管班建议等，总能引发大家的善意反馈。

【实战案例】

3 号聊天室

2013 年秋季学期，有位家长得知同学有 QQ 群之后，向我建议："要是我们家长有个 QQ 群就好了。在孩子教育方面，家长都不怎么'地道'，需要互相学习，共同提高。"我当即向这位家长表态："这个事我来办！"

当天，我就注册了一个家长 QQ 群，因为我带的每一届学生都是三班，便将群名定为"3 号聊天室"。每一届班主任聘任，都是在上一届的基础上进行微调，比如：原五班班主任不干了，再换一个来担任新一届五班班主任。而我的班主任岗位从未调整过，故而总是担任三班班主任。

当天，我把"请家长进 QQ 群"当作业布置给学生，请学生督促家长加入我的家长群。

两天内，就有 54 位家长加入，我顿时觉得，我的班务工作又多了一个新的平台。那个星期六的晚上，网聊很是热闹，家长们自告奋勇地担任群管理员……

然而，接下来一个多星期，只有 7 位家长上过线，而且上线了也没有说话。这是为什么？电话联系了几位家长，方晓其中玄机——家长们互不认识，想响应我的网聊请求，却不知从哪开始聊起。

为改变家长 QQ 群冷清的现状，我抛砖引玉，抛出大家关心的问题，激发家长们网上交流的兴趣。

一、在家长群里发布班内信息，引起大家的关注

比如："各位家长，我每晚 21:00 准时在线。""星期天 17:00 到校，4 月 19—29 日不再放双休假。""请家长和孩子一起分析期中考试暴露出的问题，对症下药，提高成绩。""今天，九年级进行了体育中考模拟考试，请家长关注。"……

二、发布短小精炼的教育言论，激发家长参与网聊的积极性

比如："努力了不后悔，不努力绝对会后悔。""压力大，没咱决心大，有多大决心，就有多大舞台。""表态表得好，口号喊得响，最终要落实在行动上，落实在仔仔细细、扎扎实实的学习行动上。""我对我女儿说过这样一句话：把每次的作业当作考试来做，把每次的考试当作作业来做。"……

这些金句有的是即兴所写，有的是家长转发，针对性强，有效激起了家长的兴趣。

三、抛出教育话题，引起家长的思考和讨论

比如："我在男生寝室没收了一部手机，学生正在看网络小说，家长朋友谈谈看法。""亲们，学生在教室下围棋，下棋者是成绩优秀生，这事儿大家怎么看？""刚刚从教室里'借回'一本魔幻小说。亲们对魔幻小说持何种态度？""男女同学互生好感，交往过密，家长朋友怎么看？"……

通过上述努力，家长们在群里总算有话可说了，他们不仅就我抛出的话题展开热烈讨论，还经常把孩子在学习、生活中碰到的问题拿出来，把自

己在家庭教育中碰到的难题说出来，把对学校管理的意见写出来，供老师参详，供其他家长借鉴。

比如：

"老师，邱楠下晚自习回到家里就哭，说今天太冤枉，她上数学课时根本就没讲话，可班干部却在班务日志上记了她的名字，说她讲话了！她虽然成绩不怎么优秀，但是个听话的孩子，也不说假话，她要是真讲话了，一定会接受惩罚的，回来就哭，我觉得是真受了冤枉。"

"各位家长，有没有治疗鼻窦炎的好办法？我姑娘被鼻窦炎害苦了！"

"我孩子几乎每天晚上回家后都觉得饿，得加餐，这样似乎对身体很不好，家长们是否有同感？"

"我和孩子总是无话可说，好不容易找个话题，一说就吵起来了。"

"周老师，男生503寝室的卫生间水管子噪音很大，我们昨天找宿管员反映了，不知修好没有，吵得孩子们睡不着，麻烦您过问一下。"

……

无论是和家长交流学习方面的问题，还是倾听家长关于班级管理方面的吐槽，或是家长里短的神侃寒暄，群里的互动往往是多人甚至几十人同时就一个话题发言，这种群聊式互动大大拓展了班务工作的时间范围，大清早、吃饭时、深夜、双休日、寒暑假，在家里、在办公室、出门走亲戚时、外出旅游时，随时随地都可以开展班务工作。而且，家长多多少少都懂得一些学习方法，对教育孩子都有或浅或深的体会，有的家长甚至非常内行，这样的交流，大大优化了我的班务工作。

现在，即使我不在线，3号聊天室也照常热闹着，它已经成为我班主任工作的支柱性平台。

锦囊95　经营好"QQ空间"

【应用时机】

创建家长QQ群之后。

【用法解析】

我的家长QQ群里，有很多宝贝：群相册里，装满了学生活动的精彩照片；精华消息，异常活跃，跟帖不断；文件夹里，资源丰富，家长非常受用。随着QQ空间建设的不断深入，家校配合越来越融洽了。

【实战案例】

QQ群里的艳阳天

QQ群是一个很好的平台，从注册家长QQ群开始，我就着眼于家校合作共建，加强QQ空间建设，努力把它经营成共享教育智慧的场所，促使家长更好地配合学校教育，优化亲子策略。

我的群相册里，有四个内容的相片：一是学生活动的精彩瞬间。包括运动会上的精彩镜头，班会活动中的难忘瞬间，户外活动的真实记载等。二是班级荣誉。我把班集体和学生个人获得的各式各样的奖状奖品，拍成照片，放到群里，增强家长和学生的自豪感。三是学习情景。教育教学过程中，我会随机抓拍学生聚精会神听讲的照片，传到群里，并加上文字点评，导引班级风气，积累班级正能量。四是班级之星。我们班会定期评选学习、体育、文明、卫生等方面的班级之星，并为班级之星拍摄个人照片，配上颁奖词后上传相册，充分发挥榜样的力量。自从有了这些相片，学生也好，家长也好，更加喜欢这个家长QQ群了。

我的群"精华消息"常有家长就学生某种现象进行探讨，为班级活动出谋划策，为疑难问题把脉问诊，为学生的进步想法子、出点子。

2018年5月一个月，群"精华消息"共上传了我和家长的八篇帖子：《感恩行动，即刻开始》（老师上传）、《全面了解学生方能对症下药》（老师上传）、《让班级管理走向民主化》（刘媗家长上传）、《读〈乐嘉写给女儿的一封信〉有感》（吴杰家长上传）、《虎妈狼爸？成功的教育首先要有爱》（吴楠楠家长上传）、《学习有热情，人格要彰显》（王石家长上传）、《903班是我们的家，温暖幸福靠大家》（老师上传）、《这位爸爸很有智慧》（路瑶家长上传）。而且，每个"精华消息"都有不少回贴，回贴最多的达32个。

至今，很多"精华消息"依然处于活动状态。

"群文件"是一个资源性栏目，为办好这个栏目，我把学生学习资料、课外活动资料、名家教育的小故事、学生心理调试辅导等方面的文章，传到上面，供家长参考。并鼓励家长把他读到的有关亲子教育的文章、视频、电影等上传、共享，如"家教圣经网"上的相关资料、武汉的博士爸爸陈克正《玩学习——三个博士姐妹的家庭教育》中的精彩章节等。

还是以2018年5月为例，那个月，"群文件"里共上传了七个材料：除我上传的《语文中考作文妙题赏析》外，其他的六个材料是：《九年级学生心理调试17招》《家庭教育的三个小故事》《民国人文风骨》《中考作文莫忘点题》《中考化学临考复习建议》《中考数学后三大题的解题技巧》，这些都是家长传上去的。

这些资料为优化家长的亲子教育策略提供了必要的借鉴。吴楠楠的爸爸是一个典型的北方男人，身材魁梧，不苟言笑，对孩子要求严格。一旦孩子违纪了，或成绩未达到家长要求，就严厉训斥，甚至棍棒相加。时间一长，孩子有了较强的逆反心理，上课不想听就不听，作业不想交就不交，当然，由于孩子基础较好，成绩一直是中上等。一段时间以来，他对网络游戏的兴趣持续高涨，学习成绩直线下降。家长忧心如焚，却又没有更好的办法。

他加入我的家长QQ群后，我和其他家长给他出了很多主意。有一个家长的建议很另类，建议家长和儿子一起打游戏，从游戏中寻找共同语言。最后,家长下决心改变教育方法,竟然真和孩子玩同样的网络游戏《无忧传奇》。通过两个星期的努力,他的级别很快达到了60级的"英雄豪杰",在游戏中成了儿子(初级侠客)的"师父"。在游戏中,儿子对他言听计从。

然后,他设计了一个"偶然"事件,和儿子先后进网吧,短暂的诧异之后,他和儿子一起回到家里,他主动向儿子"坦白"最近迷上了游戏《无忧传奇》。儿子惊讶不已,而他骄傲地向儿子介绍自己玩游戏的"成绩"和游戏中的徒弟。侃侃而谈中,儿子和他的共同语言越来越多,不知不觉中,竟谈了一个多小时。

那天,儿子前所未有地和他亲近起来。从儿子的言谈中,他得知:儿子打游戏是为了和同学比一比,他总是因游戏玩得差被人瞧不起。他的逆反源于家长、老师对他的不理解、不支持,家长几乎反对他所有的意见。而他却认为,他的想法是对的,家长的想法并非完全在理。

此后,吴楠楠的爸爸继续从家长QQ群里汲取教育营养,继续调整自己的教育策略:其一,继续玩《无忧传奇》,不过,是用儿子的账号玩,这是为了满足他在同学面前的"虚荣"。其二,把儿子由住读生改成走读生,每天坚持接送,利用往返学校的时间和儿子聊天交流。只是,他不再轻易表露自己的观点,只当听众。但听到儿子的正确言论时,会及时鼓励儿子。

很快,吴楠楠的情况大为好转。开始,他还时常打听游戏的进度,到后来,他再也没有关心过他的游戏级别了。

创建家长QQ群多年,感觉特有收获:

一、融洽了家校关系

原先,我和家长的交流并不多。有时候,家长打电话找我时,我正在开会,或正在处理问题,从而导致部分家长和我的关系比较冷淡,甚至有少部分家长我还不认识。个别家长课余时间到教室里找学生,看见我了也不打招呼。

有了这个QQ群后,我每天晚上都会和家长聊天,有时甚至同时和几个、十几个家长聊天,了解了很多家长的想法,交流了很多有用的信息,拉近了家校间的距离，改善了家校关系，学生的健康成长更有保障了。

二、丰富了班级管理资源

班级管理不仅是我的事儿，也成了家长的事儿。群里面，大多数情况下，都是家长和家长就某个话题进行交流，我参与的只是少数。家长的很多问题和困惑，都是在家长与家长的沟通中得以解决的。有些家长甚至形成了一种习惯，一有问题，就写在群里，供大家讨论，寻求答案。比如，家长们会就我的某项管理措施达成支持性共识，并努力去影响学生；会就孩子的某种不好的行为和思想进行讨论，形成正确的共识，相约共同努力，教育孩子；会就孩子的疾病治疗进行交流，找到最为便利的治疗途径；会就学校管理存在的问题进行讨论，达成谅解性共识，无形中化解了家校矛盾。

三、实现了家庭教育和学校教育的无缝对接

我已经形成了习惯，总会从 21:00 开始，和家长就各种问题进行网上探讨，虽然不是所有家长参加，但每天的参与者不少于 20 人。如此，在延长班务工作时空范围的同时，和谐了家校关系，实现了家校之间的无缝对接。

第二节　当好参谋

锦囊96　好孩子是教出来的

【应用时机】

家长会上。

【用法解析】

老师现身说法，讲讲自己是如何培养孩子的，说说自家孩子是如何变优秀的，必能得到家长的首肯。然后再给家长提建议、当参谋，家长的配合一定会更加紧密。

【实战案例】

做"四型家长"

——2017年5月12日班内家长会演讲稿（节选）

各位家长：

大家好，感谢家长们百忙之中来参加今天的家长会。今天，我要和大家分享的是：好孩子是教出来的。

一、分享我的亲身体验

我的孩子初中也就读于这所学校。起初，她的数学成绩只有80分上下，作为家长，我得想办法，帮她把数学赶上来。于是，我请老师给孩子双休补课，可是收效甚微；我又让孩子每天晚上多做一道题，进步还是不明显；寒暑假时，我请老师一对一补课，成效还是不显著。但是，作为家长，我不能放弃，我必须更加努力地去做，不然的话，孩子的未来会缺少很多精彩。

九年级时，我改变了做法，督促孩子弄懂弄通当天的学习内容，不留任何疑问。遇到不懂的立即向我求助。而我，则当场给老师打电话，或者趁晚自习回家前的 10~20 分钟，带着孩子去老师家里请教，绝不让问题留到明天。慢慢地，孩子的数学有了显著进步。于是，我不再让她补课，因为她每天学的东西都弄懂了，没有疑问了。中考时，她的数学成绩是 120 分，满分。

高中时，孩子学习压力增大，学习时间变长，孩子很累很累。她的高中三年，我只做了一件事，接送孩子上学放学，早上骑摩托车送她上学，晚上骑摩托车接她回家。从家里到学校，从学校到家里，我总是边驾驶摩托车边随口哼唱周杰伦的歌，2007 年到 2009 年，是周伦杰最火的时候。我唱歌，孩子便跟我学，她很自豪，她说："周杰伦的歌是我爸教我的。"当然，唱歌不是我的特长，我是抽空学的，只是为了让孩子在繁重的学习之余，多一些快乐。我的女儿曾经说过，坐我的摩托车是她高中时最快乐的时候。

孩子学习上的进步与家长的付出是成正比的。我并不是要家长教孩子做作业，作为家长，我从未教孩子做作业，但是你必须关注孩子的学习态度、作业质量。比如：学生做语文作业时，潦潦草草两三个字便答完了一道题，这肯定是在应付差事，这种情况，得管。孩子作业字迹潦草，这个你也得管。

没有哪个孩子天生就是优秀的。

好孩子是教出来的，优秀孩子是管出来的。

二、给家长提四点建议

1.做榜样型家长。

我们要为孩子营造一个良好的学习环境，力求安静单纯，避免干扰。最好拿本书陪在旁边，安安静静地看书，给孩子树立榜样。

2. 做责任型家长。

对于孩子要多关注，严要求。不忽视孩子的不良习惯，不放纵孩子的撒娇任性，不答应孩子的无理要求。有毛病就要求改正，耍性子就严厉训斥，手机等容易分散注意力的东西不要答应买。越简单越单纯就越有利于学生的成长。

3. 做耐心型家长。

要持之以恒地观察孩子的作业习惯，及时发现问题，做到防微杜渐。要时常翻翻孩子的书包，我反对过早地在孩子面前讲什么隐私之类的话题。要关注书包里与学习无关的书籍和物品，要防止孩子租借淫秽色情等文字垃圾来看，那是精神毒品。要注意孩子的交友情况、外出安全情况等。总之，不要指望孩子自觉自律，对他的监管越细致越好。孩子成绩下滑，往往源自司空见惯的小事。

4. 做主动型家长。

要主动与老师联系，不要坐等老师给你打电话。不要有"孩子成绩差不好意思联系老师"的想法，越差越要联系老师。不要因为工作忙就不主动联系老师，多数情况下，家校联系只需要一个电话。

锦囊97　明确自己的责任

【应用时机】

家长对育儿责任认识不清。

【用法解析】

第一次当家长，第一次有孩子读初中……班主任有义务帮助家长明确自己的责任：工作再忙也要照管孩子，督促孩子有错就改，帮助孩子提高学习成绩，等等。

【实战案例】

我给家长补了三节课

家长是孩子的启蒙之师，也是孩子的终身之师。但是，个别家长的教育思想和教育行动却失之偏颇，必要时，班主任得为家长补补课，让家长明确自己的责任。

小庆是我曾经教过的学生，我对他的印象极深。不仅因为他身上的问题很典型，还因为我曾给他家长"补过三节课"。

一、尝试遥控管理

八年级暑假期间，小庆妈妈给我打电话说："周老师啊，我想请你帮帮忙。孩子在家里没有人看管，你能不能帮孩子补补课，免得他孤孤单单一个人在家？"

小庆的家长我比较熟悉，她工作的地点是离家不到100米的电信公司，只要安排得当，是能够对孩子的假期生活进行有效管理的。我委婉拒绝补课要求之后，又约定了家访时间，我决定利用家访给家长补上一课。

来到学生家里，一阵寒暄过后，我开门见山："小庆家长，我这次来，是想帮助小庆制订一个假期计划，让他度过一个愉快而充实的假期。"

"感谢老师家访。假期里，我们要上班，孩子在家没有人管，我们当家长的非常担心，但又没什么更好的办法。"家长真诚地说。

我拿出事先准备好的作业进度表——这是一份把作业具体到天、具体到小时的作业计划。每天的作业安排以自由读书为主，以老师布置的假期作业为辅。家长上班期间，定时或不定时电话"查房"，若是没人接电话，家长可临时请假回家查看⋯⋯

临走前，我私下对家长说："请家长在家用电脑上安装一款名为'绿坝——花季护身'的网络过滤软件，国家教育部购买了这款软件的终身使用权，专供中小学生免费安全上网使用。"

后来，家长向我反馈：这个暑假，小庆很充实，除了完成作业外，还看了大量的文学名著。而且，家长也学会了对孩子进行遥控管理，并渐渐认识到，只要合理安排，再忙也是可以照顾好孩子的。

二、督促孩子立马改正

2016年10月9日双休返校时，已是九年级的小庆未能准时到校，晚上6:30上晚自习前，我给他妈妈打电话，她说："儿子说学校放三天假，怎么会今天就要上晚自习？老师，今晚我儿子肯定上不了学，这么晚了，家里没人送他去学校。"

按照常理，一般的家长肯定会对我说：老师对不起，孩子记错了，我马上把他送到学校来。

小庆家长的话让我很意外，孩子犯了错误，怎能不立马纠正呢？我决定再给小庆家长补上一课——孩子有错，要查找原因，及时弥补和纠正。

在我的极力要求下，星期一早上，小庆的家长向单位请了假，把孩子送到学校，我在校门口和家长进行了长时间的交谈。

我说："孩子把放假时间记错了，这很正常，哪有孩子不犯错误的呢？但是我们老师也好，家长也好，要帮助学生查找原因，及时改正错误，决不能拖延；若拖延，学生的错往往会不了了之。学生把放假时间记错，是不是放假时没有认真听老师讲放假要求？是不是学生有厌学心理，不想上学？是不是孩子和同学闹矛盾了，心里不痛快……我们要搞清楚孩子把时间弄错的真实原因。今天，学生虽然来上学了，但我们还要进一步弄清原因，有的放矢地对孩子进行帮扶。"

我的观点得到了家长的认可，她说："老师，看来是我们错了，我应该昨晚就带孩子来上学，有错就要帮他马上改正！"

后来得知，小庆同学是因为与同学闹了矛盾，心情不好，不想上学。

三、不可推卸责任

九年级上学期期中考试后，学校组织召开家长会，我向家长汇报了学生的成绩。会后，小庆妈妈在办公室里找到我，委婉地向我表达了两个意思：

一是对儿子考上重点高中信心不足,二是如果儿子考不上一中,我这个当班主任的是有责任的。

家长所说的责任,是我承担不起的。回想两年多来我对小庆同学的帮助,我很委屈。我不仅是费尽心血替孩子着想,煞费苦心引导帮扶,甚至有些时候,我还要克服家长的阻扰才能有效帮助孩子。思考良久,我决定给家长再上一课——引导家长更好地帮助孩子,勇于承担自己该承担的责任。

放寒假那天,我以"孩子的梦想,家长的责任"为主题召开专题家长会,让那些悉心帮扶孩子,孩子成绩优秀的家长现身说法,讲述自己是如何引导孩子形成良好习惯的,是怎样帮助孩子改正缺点错误的,是如何帮助孩子树立远大理想的,是如何带领孩子参加社会实践活动的,是如何教育孩子行孝道的,是如何培养孩子上进心的,是怎样帮助孩子提高学习成绩的……

40分钟的家长会结束后,我和小庆家长单独交流了10分钟,请她谈谈家长们给她的启示。她说:"周老师,和优秀家长相比,我还有很大差距。"

我说:"小庆同学的进步是明显的,但还远远不够,作为家长,应该向那些优秀家长学习,给孩子更大的帮助。任何时候,都不能推卸对孩子的教育和帮扶责任。"

此后,直到中考结束,再也没有听她说过"孩子考得不好班主任要承担责任"之类的话。

锦囊98 叛逆的孩子你也能教

【应用时机】

家长忌惮孩子的叛逆。

【用法解析】

不要轻易认为"咱家孩子很叛逆",不要经常把"我家孩子好叛逆"挂在嘴边。教育孩子时，只要你有正确的是非观，愿做孩子的倾听者，再为孩子预设几条不可逾越的红线，你的孩子一定不会叛逆。

【实战案例】

四句话搞定叛逆娃
——2017年春季学期全校家长会演讲稿

常听家长诉苦：我家孩子太叛逆了，我一张口，他就发火，好像他是家长我是孩子似的。或者动不动就重重关门，把门关得震天响。真拿孩子没有办法，生怕得罪了他。

对此，我想说：叛逆的孩子你也能教。我想跟家长讲四句话：第一句话，家长要有思想准备——孩子都有叛逆期；第二句话，请家长放宽心——只有极个别孩子会形成叛逆性格；第三句话，不要轻易认为自己的孩子是叛逆孩子；第四句，叛逆的孩子，家长有能力转化他。

一、家长要有思想准备——孩子都有叛逆期

心理学研究表明，孩子的成长会经历三个叛逆期：第一个叛逆期，在幼儿期的某个阶段，孩子会表现出很强的"不听话"意识。这一阶段的最佳教育措施是：微笑着坚持正确的做法，你很容易就能把孩子引上正道。第二个叛逆期，在7~8岁的时候出现，这个叛逆期的教育，除了绝不让步于孩子错误之外，有时候还需要露出严厉的面孔。第三个叛逆期，在13~18岁的某个时候出现，也就是人们所说的青春期。这个阶段的孩子很不好管，教育难度越来越大。这个阶段，孩子们虽然似懂非懂，却偏装着什么都懂，喜欢跟大人唱反调。

叛逆期的教育要避免两个误区。

误区之一：全力镇压。面对孩子的叛逆行为，家长大为光火，认为不把孩子的叛逆压下去，孩子就可能变坏。结果是，孩子表面上言听计从，但内心的逆反却越来越强。

误区之二：任其发展。面对孩子逆反的言行，在多次管教未取得理想教育效果之后，有的家长失去信心，任其发展。渐渐地，孩子受到的不良影响越来越多，行为偏差越来越厉害，待家长懊悔时，才发现已经误了孩子的一生。

上述内容告诉我们两点常识：第一点，从心理成长的角度看，我们的孩子人人都要经历叛逆期，而且还是三个叛逆期。第二点，叛逆期孩子的家庭教育很重要，既不能全面打压，也不能放任自流。

二、请家长放宽心——只有极个别孩子会形成叛逆性格

曾经有家长感叹：这么些年，我怎么没见你的孩子有丝毫叛逆的表现。你看我的孩子，专门和我对着干。其实，人家的孩子没有叛逆的表现是假，他们成功地化解了孩子的叛逆才是真。而且，成功化解孩子的叛逆大多表现为长时间的春风化雨，润物无声。你一阵急风暴雨、一阵狂轰滥炸，之后便置之不理，或者长时间不和孩子见面，一见面就教训呵斥，不仅不利于孩子的健康成长，还会对叛逆性格的形成产生催化作用。于是又有人感叹：他哪是我的孩子？分明是我的仇人。我上辈子和他有仇，他这辈子来我家报仇来了。

事实上，只要我们的教育措施恰当，孩子一定会顺顺当当地度过叛逆期，不会形成叛逆性格，不会变成叛逆孩子。

那么，作为家长，如何对叛逆期的孩子进行教育呢？

1.要营造一种民主氛围，不要动不动就指责孩子，不要用盛气凌人的态度对待孩子。这一点绝大多数家长都能做到。

2.当孩子犯了错误时，要和孩子一起，耐心细致地寻找补救方法。而且，这种补救方法只限于用孩子自己的正确行为去补救，不能引导孩子采取弄虚作假、欺骗恐吓、溜须拍马等错误方式补救。我们常常听说，某某家长教孩子撒谎、欺骗，教孩子用武力解决问题。这哪是教孩子啊？分明是把孩子往火坑里推啊！

不要急于求成，要有与叛逆期的孩子打持久战的思想准备，不要指望一

次教育就能改变孩子。

3. 抽出更多的时间来陪伴孩子。大家都非常繁忙，可能与孩子谈心不多。但是我想，为了约束孩子，你一定有严格的家规。那么，问题来了——一味强调规矩，淡化交流，会使孩子感受不到温馨的家庭环境。这种情况下，孩子极易产生叛逆心理，出现叛逆行为。所以，家长要抽出更多的时间陪伴孩子，陪孩子读书，陪孩子散步，陪孩子做作业，陪孩子吃饭，陪孩子高兴，陪孩子伤心。

做到这三点，你的孩子必然会顺利度过叛逆期，他肯定不会形成叛逆性格，更不会变成叛逆孩子。

三、不要轻易认为自己的孩子就是叛逆孩子

事实上，大多数孩子的异常表现是不能归之为叛逆的。

比如，孩子被电视剧迷住了，导致作业没做完。如果没有其他异常表现的话，这不能算叛逆，只能算作自我控制力不强，抵挡不住电视的诱惑。

学生不喜欢家里来的客人，你让他给客人端茶递水，连说两遍，他假装没听见。如果没有其他行为的话，不能视为叛逆，只能算作孩子很任性，不听话，待人没有礼貌。

学生上课不听讲，老师在台上讲，他在台下讲。如果没有其他异常表现，也不能认为孩子叛逆，只能算作不遵守课堂纪律，不尊重老师的劳动。

孩子上课迟到，老师问他原因，他嬉皮笑脸地说："老师，我上厕所去了！"这也不能算叛逆，只能算作有些顽皮，有些随意，规则意识不强。

既然大多数孩子的异常表现不能称为"叛逆"，那我们该如何对待孩子的异常表现呢？

1. 不要随意和孩子谈叛逆期、叛逆性格，别让孩子听见大人们关于"孩子叛逆、逆反"的谈话。这样的谈话内容往往会给孩子负面的心理暗示。更何况，在有些孩子心中，叛逆者是他们的偶像。我们只需要针对叛逆期的异常表现，有意识地采取正确的措施即可。

2. 不要轻易把孩子的异常表现理解成叛逆，以积极正面的心态去面对，

更容易解决孩子身上的问题。

3. 遇到孩子有异常表现，既要严肃对待，也要平和冷静。切不可歇斯底里，拳脚相加，这样可能会适得其反，情况越来越糟。

4. 改变孩子，从改变自己开始。前面说过，孩子身上的绝大多数异常表现不能称为叛逆，那么，是不是可以不闻不问、不理不睬呢？肯定不行。如果要改变他，也不是一件容易的事。孩子抽烟、玩手机、不注意个人卫生、说脏话、喜欢打架斗殴等，哪一种都不是轻易能解决的。但无论多难，家长都责无旁贷！

于是，有的家长为了孩子能戒掉游戏，和孩子约定，"我来戒烟，你来戒游戏"。有的家长为了让孩子减肥，坚持每天早上陪孩子跑步半小时。有的家长为了能及时掌握学生的课堂学习状况，向老师申请到教室陪读。有的家长为了保证孩子按时回家，下晚自习之前已在教室外面等候。甚至，有的家长为了改变孩子的异常表现，为了有更多的时间和精力来照管孩子，申请工作、职务调动。家长的这些努力是非常令人钦佩的。

总之一句话，即使不把孩子身上的异常表现认定为"叛逆"，也要高度重视，竭力转化。

四、叛逆的孩子，家长有能力转化他

真正叛逆的孩子有四种典型表现：1. 常因小事而大发脾气。2. 故意做父母（老师）不喜欢的事。3. 故意惹父母（老师）生气。4. 用批判的态度对待身边的人、评价身边的事儿。

现在请各位家长对号入座，看看自己孩子身上是否存在着叛逆性格，如果你的孩子具备了以上四条中的任何一条，那么，你的孩子已经具备了叛逆性格，要引起家长的特别关注。

一旦孩子形成了叛逆性格，我们的教育难度会更大，但并不是说叛逆的孩子就没救了。他毕竟还是孩子，他的人生观、价值观、世界观都还没有定型，只要我们坚持用正确的是非观去影响孩子，他一定能回归正常。

具体做法是"五个坚持"：

1. 坚持用正确的是非观念影响孩子。比如，孩子不尊敬长辈，不尊敬老师，不按时完成作业，玩游戏一玩就是三五个小时等。这些错误，错了就是错了，千万不要觉得这是芝麻绿豆的小事，便视而不见，不加理睬。对待这些事儿，家长一定要严肃表明你的态度，就算孩子不理你，就算孩子和你对着干，你也必须坚守正确的是非观。若是迎合孩子的错误做法，他会在叛逆的路上越滑越远。

2. 坚持一颗平常心。别用异样的眼光看待叛逆的孩子，把叛逆当成他人生旅途中的一道坎。这样，你才能静下心来想对策、想办法、想点子，才能引导孩子逐步告别叛逆。

3. 坚持做孩子的倾听者。叛逆的孩子，常把自己的心封锁起来，有心里话不和你说。其实他非常渴望有人倾听他的心声。所以，你要有意识地多和孩子说话，引导他讲讲同学、讲讲老师、讲讲学校住宿生、讲讲班级活动。不仅如此，你还要表现出"乐当倾听者，愿意听你说"的样子，倾听时不要跟孩子讲大道理。

4. 坚持信任孩子。既放手让孩子去做事，又接纳孩子做得不够好的一面。曾经，一位父亲对我说，他的孩子上高一，很叛逆，经常旷课。有一段时间，妈妈经常生病，他经常通过电话请求孩子"到医院看看妈妈吧"，有一次妈妈病情加重，孩子赶到医院后问爸爸："你怎么不及时告诉我？为什么不给我打电话？"父亲本来想说："我不是经常给你打电话吗？"但父亲忍住了，没有责备他。那段时间，孩子一直陪着妈妈、照顾妈妈。

你看，此时家长对孩子的宽容与接纳，是非常必要的，它满足孩子被信任、被认可的需要。

5. 坚守一条底线。因为是独生子女，部分家长在教育孩子时没有底线，没有起码要求，导致孩子完全没有学生样儿。比如：孩子骂家长、动手打家长，这是因为你没有"孝顺"的教育底线；孩子从来不做作业，这是因为你没有学习的底线；家长不给手机就不上学，这是因为你在满足孩子欲望方面没有底线。没有底线，就没有威信，它意味着你在孩子面前必然节节败退。于是有家长感叹：孩子读初中以来，我每次和孩子发生"战争"，总以我的失败而告终，我在孩子面前从来都没有赢过。

所以，家长朋友们，我们要在孩子的教育方面画几条红线：对待长辈的礼仪方面、完成作业任务方面、饮食卫生方面、穿着打扮方面、与同学交往方面、用钱方面、玩游戏方面，等等，每个方面都要有一条底线，这条底线是孩子不能触碰的。一旦孩子触碰了你的底线，你应该表现出强硬的一面来，而且必须坚守这条底线，直至孩子让步为止。就算孩子暂时不让步，你也不应该让步，出现这种对抗时，家长可以先冷静下来，可以让这个分歧暂时保留，直至他接受了你的教育。

我相信，五个坚持，一以贯之，孩子必将逐步告别叛逆。

锦囊 99　别依从孩子的错误

【应用时机】

家长常让步于孩子的错误。

【用法解析】

常听家长埋怨自己的孩子："不买手机就不上学。""不让玩游戏就不吃饭。""不让看动画片就不理睬父母。"

班主任告诫家长：面对孩子的错误言行，不能轻易让步，否则后果会很严重。

【实战案例】

岂可在餐馆午休？

常听家长诉苦："老师啊，我孩子太爱吃零食了，他的口袋里总是装着零食，无论怎么管，他就是不听。唉！"

"老师啊，我孩子的作业习惯太差了，他总是边看电视边写作业，真没办法！"

……

我常给家长当参谋：作为家长，只要你是对的，就要坚持。若孩子的想法和做法是错的，就应该让他听你的。在孩子的错误面前让步，不能算合格的家长。

这天上午，小玉同学家长通过微信请我帮忙："老师，请你帮忙给我孩子强调一下，今儿中午我来校门口接她，让她务必在校门口等我！"

对于家长的要求，我一般会无条件地配合。但对于小玉同学家长的请求，我有些疑惑：是不是孩子不喜欢家长来学校接，或是孩子中午从不回家。"小玉家长啊，我有个困惑，你孩子是不是从不回家午休？"我赶忙打电话询问。

"是的，她说和几个同学在一家餐馆吃午饭、午休，然后便去学校。"家长如实相告。

中午这么长的时间，不回家午休，在餐馆吃饭，在餐馆午休，这怎么行？我急切地说："怎么在餐馆午休啊！中午是两个小时呢，这么长时间，怎么能放得下心？怎么能让孩子在外面度过这么长时间？"

家长听出了我的急切，似乎有些委屈，说道："我给孩子提过要求的，可是她总是不听我的，只好依从她。"

我想，必须给家长当好参谋，警醒梦中人。否则长此以往，怕在校外出安全事故。

"家长啊，不允许孩子长时间两头不沾——既离开校园又离开家庭。这应该是家长的底线，若孩子有异议，我们应该断然制止，让孩子按照你的要求做啊！"我干脆果断地说出了自己的观点，"太迁就孩子，出了问题，后悔都来不及，很多意外事件都是家长的迁就造成的。"

"嗯嗯！"手机那头不断传来家长的应答。

锦囊100　直言家长的错误

【应用时机】

离异父母在孩子面前说对方坏话。

【用法解析】

把离异父母请进办公室，直言其错误，并提醒他们：若不改弦易辙，长此以往，将会亲手毁掉孩子一生的幸福。

【实战案例】

家校交流中的严正告诫

一般情况下，老师应该和颜悦色地和家长交流，别争别吵别急眼，别和家长针锋相对。但是，遇到离异父母当着孩子的面说对方坏话的情况，老师必须严正告诫。

按理说，父母之间无论有多大的矛盾，那都是大人的事儿，不能当着孩子的面指责对方，更不能殃及孩子。但是，并非所有家长都明白这个道理。遇到这类家长，必须严肃警示，告诫他们，这样的做法无异于经常给孩子喂毒药。

这一届，我班上有一名离异家庭的孩子，他叫立晨，孩子跟着父亲生活。父亲常当着孩子的面跟我说，母亲太溺爱孩子，管不住孩子，他不得不亲自带孩子。孩子的母亲也经常通过电话和儿子联系，或者悄悄来学校看孩子，每次一见面就问："爸爸有没有打你啊？"若是孩子说爸爸严厉批评了他，母亲总会嘀咕："这不是亲儿子吗，怎忍心这样？"然后对孩子嘘寒问暖，关怀备至。

我决定对孩子的父母予以严正告诫,当头棒喝。

那天,我把他们都请到办公室。首先,我向他们报告了孩子纪律性强、尊敬师长、从不和同学闹矛盾等优点,表现出对学生极度的喜欢之情。然后历数学生个性内向,很少主动与同学交流的缺点。最后把我了解到的父母在孩子的教育方面互相干扰、互相指责的事实摆出来,郑重告诫:如果继续如此,你们将毁掉儿子的幸福。不仅是毁掉现在的幸福,让他现在就生活在矛盾和焦虑之中,还会影响他的性格、人格,进而毁掉孩子将来的幸福。

我要求父母双方不再在孩子面前指责对方,说彼此的"坏话",还要提醒孩子尊重孝敬对方。对于重大教育问题,两人先电话沟通,统一口径后再对孩子进行教育。

那天谈话结束,孩子父母是低着头离开我的办公室的。

自那以后,孩子父母不再在孩子面前指责对方了,甚至还经常一起来学校接他回家。看这情形,不明就里的人肯定不会想到这是一对已经离异的夫妻。同时,我也感觉到了学生的变化:学生更加阳光开朗了,课间常和同学一起嬉闹,非常快乐。期末考试,孩子考进了年级前20名。

锦囊101 亲情无价

【应用时机】

家长怕耽误学习而不想让孩子参加奶奶的葬礼。

【用法解析】

严正提醒家长:参加亲人的葬礼,是学生无比珍贵的情感体验,千金难求。若有亲人去世,孩子必须请假前往参加葬礼。

【实战案例】

亲情比考试更重要

对学生而言，有很多东西比成绩更重要，比考试更重要，比如道德品质、行为习惯、至爱亲情等。

一天，于浩的妈妈给我打来电话："周老师，孩子的奶奶去世了，想让孩子去武汉参加奶奶的葬礼，但又怕耽误了即将到来的期末考试，不知怎么办才好，请老师帮忙拿个主意。"

我不假思索地说："参加奶奶的葬礼比期末考试更加重要，见奶奶最后一面，这是千金难买的亲情啊！有什么比这还重要啊！"

听了我的话，于浩妈妈哽咽着说："谢谢老师了！在这方面，我们家长远没有老师想得周全。前年，孩子读六年级时，他爸爸去世了。因为孩子要上课，也因为他爸爸的遗体告别仪式是在武汉举行的，太远，因此没有向老师请假，我一直觉得对不住孩子，未能让他见他爸爸最后一面，太遗憾了！……奶奶就这么一个孙子，昨天，亲戚们纷纷要求，要孩子一定回武汉去参加奶奶的葬礼。"

听了于浩妈妈的话，只觉得心中隐隐作痛：六年级时，孩子竟未请假去参加爸爸的遗体告别仪式，我无法理解。今天，家长又担心参加奶奶的葬礼会耽误期末考试，幸亏家长给我打电话征求我的意见。

接下来，我对家长说："亲情是无价的。对孩子来说，和去世的爸爸告别，和去世的奶奶告别，是无比重要的事儿，其重要性远非期末考试可比，这是孩子人生中非常重要的情感体验。你放心地带孩子去武汉参加奶奶的葬礼，葬礼结束后再回学校，未能参加考试的科目，由我负责提供试卷，请家长在家里负责监考。"

顿了一下，我继续说道："于浩妈妈，你马上来学校接他，我马上让他写请假条，让他到门房保卫科等你。"我的话很干脆，用的是毋庸置疑的语气。

锦囊102　孩子的问题谁遇上谁管

【应用时机】

夫妻俩严格分工，爸爸管儿子，妈妈管女儿。

【用法解析】

上门家访，给家长当参谋：孩子的成长问题，谁碰上谁管。若先碰上的一方没时间管，应请求另一方迅速补位，及时遏止孩子的错误，促进孩子的健康成长。

【实战案例】

儿子只归爸爸管？

曾经给家长建议：在孩子的教育方面，父母双方是可以有分工的，但更要合作无间，父母双方都要有养儿育女的担当。

小军的家长我以前就熟悉，认识快10年了。

学生有异常情况，我会及时告诉家长，商议对策，助力孩子进步。

然而，第一次与家长的电话交流让我很是不解。

我说："小军妈妈，向你'报告'一点情况：今儿上语文课，小军向同学做鬼脸，撩同学。这是上课不听讲的表现，我已经当堂批评了他，希望你知晓此事，并配合教育。"我停顿了一下，接着说："虽是小事儿，但因为我先前就与你们家长熟识，交流起来更加顺畅一些，故而告之，寻求配合，请勿见怪！"我的话非常客气。

然而，孩子妈妈却说："周老师啊，您好！我家有两个孩子，是龙凤胎，我和他爸爸在孩子的教育上有所分工，儿子归爸爸管，您有我老公电话吗？

要不，您给我老公打电话，或者我待会儿让他给您回电话。"

我有些不解，虽然有所分工，但也不能不管啊！更没有理由让我再打一个电话，请孩子爸爸配合教育。

很快，我接到了小军爸爸的电话，我把与小军妈妈交流过的内容又说了一遍。他爸爸说："老师你放心，儿子归我管，我和老婆分工明确，一人管一个孩子。今天中午回家后，我会好好和儿子谈谈……"

下午上学后，我把小军请到了办公室："小军，中午爸爸批评你了？"

"嗯？没有啊，我爸爸不在家。"小军有些吃惊地望着我。

"啊？"我表现得比小军更加吃惊，原来孩子爸爸中午没有回家！自然，中午和孩子谈谈也成了空话。"小军，你先回教室去吧。"

……

缺少家长的配合，我们的教育非常乏力。

当晚，我到小军家里家访。我非常诚恳地对家长说：父母在孩子的教育上可以有所分工，但必须合作，亲密无间地合作。合作才能教好孩子。如果只分工不合作，肯定教不好孩子。儿子主要由老公管，这很正常。但是当儿子犯了错误，当妈妈的肯定得管，而且义不容辞。当儿子表现优秀时，妈妈应该及时肯定，予以表扬。反之亦然，当女儿犯了错误，爸爸也要及时批评，女儿表现好时，爸爸也应该及时表扬。

最后，我和家长商定：取消原来的不合理分工，孩子的问题，谁遇上谁管，孩子的成绩，父母分别表扬。

锦囊103　别轻易给"会哭的孩子"奶吃

【应用时机】

经不住孩子的软磨硬泡而满足孩子的无理要求。

【用法解析】

警醒家长：面对孩子的哭、吵、闹和软磨硬泡，家长务必要坚持正确性原则，守住底线，不轻易给"会哭的孩子"奶吃。

【实战案例】

要不到手机不罢休

家庭教育中，常有"会哭的孩子有奶吃"现象，明知常吃零食对身体不好，却经不住孩子的软磨硬泡，常常给孩子零食专款。作为班主任，我常常不失时机地给家长当参谋：别轻易给"会哭的孩子"奶吃。

我的建议对易江同学家长起到了很好的作用。

易江是一名"会哭的孩子"，他总能从母亲那儿得到他想要的东西。即使他所要的是学校不提倡的，是学校反对的，是学校禁止的。

今天第一节语文课上，我发现易江同学把手机带进了教室，便严肃地问道："手机哪儿来的？"

"是……是我妈妈给我的。"易江吞吞吐吐地说。

"嗯？"我愕然。因为我刚刚在家长会上强调过"不准带手机进校园"，因为我专门对易江的母亲强调过，不要什么都满足孩子。我再一次给家长打了电话，表明我的态度，并请家长中午来学校把手机拿回去。

中午休息时，家长一进我办公室便大倒苦水："老师，手机的事我们家长知道错了，可我不给他买手机不行啊！他整天跟着我，不停地说，不停地要，不达目的不罢休。批评他没用，打他也没有用，真是没办法，这才给他买了个便宜手机。"

我决定不失时机给家长灌输一点教育常识："我非常理解你作为母亲的仁慈与善良，但涉及孩子的品行与习惯时，你的仁慈就是对孩子的残忍！都说会哭的孩子有奶吃，这是没原则没底线的表现，孩子一哭一闹，或者缠住你不放，你就放弃原则，无条件满足，实在是有害无益。"

"学校禁止学生带手机进校园，是因为学生很容易成为'手机控'。你的孩子把手机带进校园后，上课玩，下课玩，走路玩，上厕所也玩，哪还像个读书人的样儿！……现在，他没有自制力，我们家长要帮他一把，绝不能迁就他，让他在这条'不能自我控制'的路上越滑越远。"

"我给您讲个案例吧——我们班有个女生，受影视媒体及社会、家庭的影响，很不注意自己的穿着，常常里面穿的很短，然后在外面套一件很长很长的半透明的外套，常涂口红……易江家长，你说，这样的穿着像个初中生吗？这样的现象家长应不应该制止？……如果不能扭转，这个孩子的审美观将出现严重偏差。后来，我与这位同学的家长进行了交流，他硬是不顾孩子的反对，战胜了孩子的吵嚷、痛哭、绝食等，克服了很大困难，最后，彻底纠正了孩子穿衣打扮的习惯……"

在我列举了大量成功改变孩子的不良爱好、不良习惯，有效克服孩子的行为偏差、思想偏差的实例之后，易江家长下决心似的说："周老师，我明白了您的苦心，我确实是在迁就我的孩子。今后，我一定耐着性子给孩子讲道理，道理讲不通，就来硬的。总之，只要是为他好，绝不再迁就他！"

送走家长后，我显得格外轻松，希望易江的家长在涉及孩子的品行和习惯时，能耐得住孩子的哭、吵、闹。

锦囊104　给孩子讲励志故事

【应用时机】

孩子的心理年龄和认识水平滞后。

【用法解析】

鼓励家长把自己的求学经历、工作经历讲给孩子听，甚至可以把每天经历的大大小小的事儿讲给孩子听，从而间接丰富孩子的人生阅历，积攒生命智慧，提高认识水平。

【实战案例】

家长的欠账

如果简单说教不能达成教育目的，可以尝试着给孩子讲故事。讲故事是最好的儿童教育方式，是大人与孩子间的最佳交流通道。

我班上有两位比较特别的学生：他俩的心理年龄和认识水平明显滞后于实际年龄。

一个叫晓霄，男孩，一米七五的个儿，一百公斤的体重，上初中了还跟着保姆睡。每天早上上学前，是保姆帮他穿衣，帮他挤好牙膏，帮他背起书包，把他送到校门口。这孩子胖嘟嘟的，样子倒是蛮可爱的。可是，他的言行举止却像一个小学低年级学生。他和老师说话，嗲声嗲气，让人觉得要起"鸡皮疙瘩"。他上课后找不到语文书，老师还没批评他，他便自顾自地嘤嘤地哭了起来；和同学闹了矛盾，他会哭着向老师跑过来，边哭诉边往老师身上靠，给人一种很腻的感觉。

一个叫程平，他的认知水平明显滞后于同班同学。有一天早上，家长给我打电话，说孩子今天不想上学。因为前一天班上有两个同学没来上学，他觉得他也可以不上学。星期五下午放学时，轮到他和另外五名同学打扫教室，他居然在教室里大哭大闹，骂同学，骂老师。他跟同学说，只要他一哭一闹，老师便不让他打扫教室了，会放他提前回去。

孩子为什么如此？因为父母太忙，没有给孩子恰当的引导。

保姆既负责家务，又负责带孩子。孩子从小跟着保姆，学习、生活、教育都靠保姆。可是，保姆毕竟是保姆，无论是生活习惯的培养，还是知识能力的培养，她都不可能代替父母。直到进入初中，家长对孩子的教育已积攒了太多的欠账。

怎样改变孩子呢？冰冻三尺，非一日之寒，必须潜移默化，必须长期坚持。

我请来两位同学的家长，告诉他们，孩子的心理年龄、认知水平明显落后于同龄人，家长必须给孩子补课，必须归还教育的欠账，促进学生心理年龄的快速成长，促进认知水平的迅速提高。

补课的方法是：给孩子讲家长的励志故事，讲家长的读书经历、工作经历，甚至可以把家长一天到晚经历的大大小小的事儿当作励志故事讲给孩子听。因为这些生活琐事必定蕴含着生活的智慧，饱含着生活的哲理。所以，建议家长每天晚上抽出一个小时，向孩子讲自己的精彩、讲自己的失误、讲自己的思考，讲人际交往中的细节、讲生活中的细节、讲工作中的细节。用讲故事的方式告诉孩子如何理解老师的教育，如何与同学交往，如何规范自己的言行。以此来间接丰富孩子的人生阅历，提高孩子的认知水平，促进孩子的快速成长。

当然，作为老师，我会每天用短信督促家长给孩子讲故事，倾听家长的教育心得，提高家长的教育智慧。

锦囊105　鼓励家长把握教育契机

【应用时机】

学校组织社会实践活动。

【用法解析】

鼓励家长把握教育契机，促成孩子参加社会实践活动，并针对孩子的实际情况制定简单易行的个性化活动方案，促进孩子的健康成长。

【实战案例】

促成小洲参加赴美交流活动

实践证明，很多不起眼的事件，往往蕴藏着难能可贵的教育契机。抓住这些教育契机，有计划地开展教育活动，可以收到意想不到的教育效果。

小洲是我教过的2005届学生，孩子父母是我高中同学。他有上进心，成绩不错，但自控力较差，不能持之以恒。

怎么才能使他取得突破性进步呢？

2006年8月，学校组织15名同学去美国Oakwood学校开展为期20天的校际交流活动，经过学生和家长申请，班主任推荐，学校审察，教育局、公安局审核批准，小洲同学被选定为赴美交流成员。

我推荐他的原因是：

1. 接受随行老师20天的约束，包括言行得体，举止文明，坚持用英语讲话等。我想，20天的坚持是对他极大的考验和锻炼。

2. 见见世面，让他明白，自己目前的表现还需要努力优化。

3. 激发斗志，激发他为拥有美好未来而竭力拼搏的斗志。

可是，临行前，家长给我打电话，说是经过权衡，不让孩子去了。主要原因是费用问题，尽管有对方学校、学生家庭的帮助，学生此行的费用仅为来往交通费，但这笔费用仍然高达1.5万元人民币。

孩子父母是工薪阶层，家庭虽然不富裕，但交通费还是支付得起的。我知道，家长不让孩子成行的真正原因，是担心此行对孩子没有多大帮助。

那天，我通过电话和孩子妈妈交流了30多分钟，我表达的主要意思是：

1. 虽然机会难得，但去与不去，家长有完全的自主权。小洲不去，学校会马上调整团队成员，安排替补人员顶空。

2. 孩子目前的主要毛病是自控力不够，学习动力不够，如果能利用此次机会，加强引导，在完成学校统一活动的基础上，精心策划细节性活动，或许能对孩子有很大的帮助。

最后，家长被我说服了。

在我的帮助下，家长为孩子设计了三个细节性活动：

1. 临行前，为对口接待的美国学生的家庭成员分别选购一件特色礼物，总价格不超过100元。

2. 入住美国学生家庭期间，每天用英语写一篇日记，并翻译成汉语，用英汉两种文字发送回来，与家长、老师分享。

3. 邀请对方学生来中国后到家里来做客。

后来，小洲很好地完成了这三项任务。

从美国回来后，他的表现几乎是180度大转弯，学习、生活、精神等方面得到了全面的优化。

这件事对家长的启示是：支持并鼓励孩子多参加社会活动，每次活动都要针对孩子的实际情况，制定详细的成长方案，并督促落实。

这件事对老师的启示是：为了学生的进步，应耐心促成家长对孩子参加社会活动的支持。

锦囊106　让家长拿回微信主控权

【应用时机】

学生掌控着家长的微信。

【用法解析】

家长必须亲自掌控微信，并适时开展微信互动。不能把老师、家长的微信聊天直接给学生看，那样，会有学生觉得"家长和老师在合谋'对付他'"。

【实战案例】

家长群里混入学生娃

这天，我接待了小杨同学的家长，他是我很期待见面的家长。

上学期期末考试后，学校下发通知，要求班主任在素质报告册上不写考分，只填考分等级，得分在80%以上为A等，70%~80%为B等，60%~70%（不含）为C等，60%以下为D等。若家长有了解期末考分的要求，方可填写实际得分。

于是，我在家长微信群里发了一则互动信息：需要了解学生期末考试分数的家长回复"Y"，反之回复"N"。凡是回复"Y"的，我将在学生素质报告册上如实填写期末考试分数，其他同学则填写相应等级。

结果，成绩不错的小杨同学的"家长"竟然给我回复"N"。我想电话沟通一下又觉得不妥，怕家长说"征求了家长意见又不按家长的意见办"，虽然心有不解，却还是依照承诺，在小扬的素质报告册上填上了考分等级。

见面后，我就此事请教家长：孩子的期末成绩不错，因家长不想知道孩子的考试分数，因此我在素质报告册上填写的是分数等级。

没想到，我的话把家长说蒙了，他说："我怎么会不想了解孩子的考试分数呢？这话从何谈起？"

我把上学期末填写素质报告册时，在家长微信群里征求家长意见的事如实相告。听了我的讲述，家长才说："老师啊，我是用家里的备用手机加入微信群的，平常，这个手机一直放在家里，主要由孩子掌管。每天晚自习回家，孩子会浏览家长微信群里的消息。涉及老师给家长的要求，孩子会马上把消息给我们家长看。我们看后再按老师的要求做。你说的这件事，孩子没有告诉我，我根本就不知道，毫不知情。"

原来如此，在小杨家，家长微信群的实际掌管人是学生。学生代替家长阅读群信息，学生代替家长和老师互动。学生反馈给家长的仅是必须家长出面解决的事。老师在群里的绝大多数发言，家长们在群里的讨论，会被学生过滤掉，家长并不知情。

于是，我给小杨家长提出三点建议：

1. 家长必须亲自掌控家校微信群。

2. 微信群里关于家庭教育的讨论、老师的建议不能直接给孩子看，家长要在充分理解后，用自己的话转述给孩子听。若是把老师和家长关于"如何教育孩子"的讨论直接给孩子看，有的孩子会觉得"家长竟怂恿老师一起'害他'"，或认为"老师竟怂恿家长一起'对付他'"。

3. 家长要积极参与微信互动，适时发表自己的意见，提高自己的育儿水平。

锦囊 107　分享育儿经验

【应用时机】

问题家庭矛盾重重，孩子的成长环境堪忧。

【用法解析】

邀请有育儿经验的家长在 QQ 群里现身说法，促使问题家庭的家长不断反思，作出改变，改善学生的成长环境。

【实战案例】

征集"家庭教育中的难事"

我常常创造机会，引导家长分享彼此的育儿经验和育儿教训。

学生龙强的家庭，矛盾重重。父母离异后父亲再婚，而奶奶却始终不认可现任儿媳，撺掇孙子和后妈斗气，要求爸爸和后妈离婚，和亲妈复婚，曾把后妈气得离家出走。而爸爸却断然否定了复婚的可能，称不可能和原配生活在一起。那没完没了的争吵令龙强痛不欲生。

介入学生的家庭教育并非班主任的分内工作。但事关孩子成长环境的优劣，有些时候，班主任又不得不介入学生的家庭教育。

当然，这里有一个禁区：老师可以介入学生的家庭教育，但决不能介入学生的家庭矛盾。

为了孩子能稳定地学习和生活，我不得不特别用心。每当孩子的家长（父亲，或者母亲、后妈、奶奶）来校接学生时，我都会小心翼翼地和孩子的家长进行交流，生怕介入他们的家庭矛盾，导致家长对我有怨气。我竭力向他们灌输一个观点——一切都要有利于孩子的健康成长。经过反复酝酿，我决定发动其他家长在 QQ 群里分享育儿经验，促进家庭育儿环境的改善。

一、征集"家庭教育中的难事"

成功的家庭教育有着同样的甜蜜，而失败的家庭教育却各有各的苦处。为此，我想到了向家长征集"家庭教育中的难事"。然后，在家长会上，花上 5 分钟时间逐条宣读，既引起家长共鸣，促进家长之间互相理解，又提醒家长群策群力，探究对策，并将自己想到的好办法发到 QQ 群里。

二、倡导交流彼此的经验教训

我在群里发起了一个以"分享经验，分享教训"为主题的交流活动，并特别邀请了几位优秀家长在 QQ 群里分享教育经验：

张陈的家长以"陪孩子读书"为题，分享了激发孩子阅读兴趣的成功经验；陈思家长以"做作业时别看电视"为题，分享了帮助孩子形成聚精会神的学习品质的成功经验；王成家长以"别给孩子讲解题目"为题，阐述了"家长不应该给孩子讲解题目"的独特观点，他觉得应该帮助孩子养成主动向老师求教的习惯，即使是在家里，也应通过电话等方式向老师请教；李向南家长以"不可没有底线"为题，阐述了在孩子成长过程中，家长应该遵循底线原则……

我还邀请了有过失败经历的家长，让他们分享曾经的心痛。比如：李思泉家长以"因为游戏"为题，讲述了孩子从小在游戏方面超越一般孩子的天赋，以及最终陷入游戏泥潭不能自拔的痛苦；林少峰家长以"娇宠应有度"为题，交流了孩子受爷爷奶奶的溺爱，造成了他得不到满足不罢休的不良后果……

这一交流活动坚持每周一次，我提醒龙强家长借鉴别人的教育经验，不断反思，优化自己家庭的教育现状。

渐渐地，龙强的家庭矛盾有所缓解，尤其是父亲，他从其他家长交流的经验中看到了问题的关键，勇敢地站了出来，不再任由奶奶主导家庭矛盾，家庭氛围明显改善。我想，只要家长真正疼爱孩子，他们都会作出改变的。

锦囊108　孩子是家长的影子

【应用时机】

孩子被打了，家长要打回去。

【用法解析】

及时处置学生伤情，化解矛盾。在这一前提下，善意劝导，提醒家长不要偏激，要用正确的观点引导学生，用正确的方法处理纠纷。

【实战案例】

孩子被打后，家长想要打回去

和家长闲聊时，我常常建议家长：要告诉孩子什么是对，什么是错，要教孩子"与人为善"，只有正确引导，孩子才能走上正途。

有一天下午，我请了事假。下午第六节课，数学万老师给我打来电话说："小成和小雨打架了，小雨捂着眼哭了好一会儿……"

我担心小雨的眼睛，请求万老师把小雨带到卫生院去看医生。然后，又给小成家长打电话，简述事件经过，并要求他马上到卫生院和万老师汇合，一起关注小雨的伤情。又给小雨的妈妈打电话，告知了事件经过，并请求她也到医院去。小雨妈妈说，若是小雨的眼睛没啥问题，她便不去了；若是孩子眼睛真有什么问题，她再赶过去。

很快，万老师又给我打来电话，经过医生诊断，小雨的眼睛没啥问题，已将医生诊断结果告知了小雨妈妈，并对小雨妈妈表达了歉意，同时，对小成进行了严肃批评。

……

可是，第二天早上，小雨的爸爸给我打来电话，说小雨的眼睛有些肿胀，有些疼痛，要给小雨请半天假，带她去医院检查治疗。他还要我给小成的家长传个信："我更愿意把你们家小成的眼睛也打伤，我不要你们承担医药费！"

我愕然，办公室的伙伴们均露出惊愕的表情。我顿时感到了责任的重大，我必须消除家长的怨气，正确引导，彻底化解矛盾。

一、及时处置小雨的伤情

我上完第一节课后，立即赶往医院，和家长一起陪伴小雨重新检查。缴费单出来后，我主动去缴费处缴费。小雨进检查室前，我拍拍小雨的肩膀说："别担心，老师和家长是你的后盾。"小雨从检查室出来，我连忙迎上前去，关切地询问医生检查结果。

医院复诊结果：小雨的眼睛情况正常。

关于小雨伤情的处置，我和万老师的工作是无可挑剔的。有了这个前提，才能化解家长的怨气。

二、坚持正面引导小雨家长

从医院出来，见家长的情绪稳定，我趁机给家长进行正确引导。

我说："小雨爸爸，当你说出'更愿意把你们家小成的眼睛也打伤'时，我非常惊恐！生怕矛盾升级，生怕事态恶化！"

小雨爸爸诚恳地说："周老师，对不起，我太不冷静了！请您原谅！"

见家长的怨气已经消除，矛盾已经化解，我趁热打铁，继续引导：

1. 家长啊，你是孩子的表率，孩子是你的影子。希望你坚持正确示范，正确引导，促进孩子的健康成长。你不冷静的错误言语，会对孩子产生负面影响，错误解决问题的思路，会让孩子误入歧途。

2. 家长要坚定化解矛盾的信心，一切为了孩子的健康成长。

3. 以后，若孩子之间再发生矛盾，再受了伤，请家长务必冷静处置，不可有过激的言行。家长若对事件的处理有异议，请及时联系班主任老师。

图书在版编目（CIP）数据

班级创意管理 108 个实用锦囊 / 周新著.
—上海：华东师范大学出版社，2023
ISBN 978-7-5760-4117-0

I.①班… II.①周… III.①班主任工作 IV.① G451.6

中国国家版本馆 CIP 数据核字（2023）第 157616 号

大夏书系 | 全国中小学班主任培训用书

班级创意管理 108 个实用锦囊

著　　者	周　新
策划编辑	李永梅　卢风保
责任编辑	张思扬
责任校对	杨　坤
封面设计	奇文云海·设计顾问
出版发行	华东师范大学出版社
社　　址	上海市中山北路 3663 号　邮编 200062
网　　址	www.ecnupress.com.cn
电　　话	021-60821666　行政传真 021-62572105
客服电话	021-62865537
邮购电话	021-62869887
地　　址	上海市中山北路 3663 号华东师范大学校内先锋路口
网　　店	http://hdsdcbs.tmall.com/
印 刷 者	北京密兴印刷有限公司
开　　本	700×1000　16 开
印　　张	18
字　　数	266 千字
版　　次	2023 年 10 月第一版
印　　次	2023 年 10 月第一次
印　　数	6 100
书　　号	ISBN 978-7-5760-4117-0
定　　价	69.80 元

出 版 人　王　焰

（如发现本版图书有印订质量问题，请寄回本社市场部调换或电话 021-62865537 联系）